100年先の憲法へ

『虎に翼』が教えてくれたこと

太田啓子

太郎次郎社エディタス

表紙イラスト　喜田なつみ

はじめに

ＮＨＫ連続テレビ小説『虎に翼』（２０２４年４～９月放映）は、私にとって、とても幸福な朝ドラ体験だった。朝食の準備をし、子どもの弁当を作りながら、７時半からのＢＳ放送を流す。細切れの時間で見落としもあるので８時からの地上波でまた見る。在宅ワークの日には、お昼の放送の時間に合わせて昼食をとりながら、また泣く。見ながらＳＮＳをチェックし、他の人の感想を見て、自分が気づかなかった台詞の意味に「なるほど！」と気づいたり、感動した場面についての感想を読み、さらに深く掘り下げた気持ちになったり。法律考証の村上一博さん（明治大学教授）のコラムや、リサーチ担当の清永聡さん（ＮＨＫ解説委員）の著書などを読んで「あれも史実なのか」とびっくりし、そのままでドラマのキャラクターになるような個性の強い法律家たちの人生に思いを馳せたり。

『虎に翼』は、多くの人の自分語りを誘発するドラマでもあった。多くの人が、ドラマのエピソードに自分につながる何かを感じて、「あれは怒っていいことだったんだ」とずっと昔の封印していたモヤモヤを思い出したり、大切な誰かの言葉を重ねて懐かしんだり。ドラマが視聴者の感情を揺さぶることで、言葉になっていなかったデリケートで壊れやすい感情に言葉があてられ、誰かに語らずにいられなくなってSNSに感想を投稿する。どこの誰かわからない人からも熱い共感のコメントが集まって、「やっぱりそう思ってよかったんだ」と、また言葉にしたくなる。そういった感情の言語化を促す力の高いドラマであったと思う。

主人公・寅子[★1]のドラマであると同時に、周囲の人物のエピソードも、それぞれ掘り下げればそれだけでまた別のドラマができるような群像劇だった。

よね[★2]は貧しい農家の生まれで、姉は女郎に身売りされた。自分も身売りされると知って逃げ出し、女を捨てて生きると決意し男装で生きているが、姉を助けるための弁護士費用を払えないという事情を背景に、一度だけ意に反した性的関係に応じざるを得なかったことを忘れられない傷として抱えている。

朝鮮から留学した崔香淑[★3]は、戦後、娘を守るために自分のルーツを伏せて日本名で生きていたのに、大学生になった娘からその生き方を批判され、揺れながら、本

★1―寅子
『虎に翼』の主人公・猪《いの》爪《つめ》寅子《ともこ》（愛称「トラコ」。演＝伊藤沙莉《さいり》）。最初の夫の佐田優三と結婚して佐田姓に。再婚した星航一とは事実婚の形をとり改姓しなかった。モデルは日本初の女性弁護士・裁判官の三淵嘉子（旧姓・武藤、その後結婚して和田、再婚により三淵。本書では統一して、他の姓の時期であっても「三淵嘉子」と表記する）。

★2―よね
山田よね（演＝土井志央梨）。男装のボーイとしてカフェ「燈台」で働きつつ、明律大学女子部で弁護士の道を目指した。戦後は同級生の轟と山田轟法律事務所を設立。

名で生きていくことを決意し、朝鮮半島出身の被爆者のために弁護士として尽くそうとする。

梅子★4は、横暴な夫におとなしく従い、息子が夫のようなモラハラ気質に育っていくことをどうにもできず、〝闘うことから逃げていた〟。忍従の末、家族の縛りから解放されて生きることを高らかに宣言し、自分の人生を歩んでいく。

華族の家に生まれた涼子★5は、自分の人生が自分だけではなく「家のもの」だという縛りの中で暮らしていた。海外留学も経験して広い知見を備え、こんな因習はおかしいと本当はわかっているのに、母をどうしても切り捨てることができず、よねに向かって「あなたのように強くなりたかった」と泣く。華族制度の廃止により多くのものを失ったが、激動の戦後を乗り切り、30年を経て再度司法試験に挑戦して合格する。

登場回数が少ない他の登場人物も、その背景に思いを馳せたくなるエピソードがたくさんあった。

そんなドラマへの感想をさまざまな機会に熱く語っているうちに、同じくドラマにハマった方たちとの座談会や、ドラマと絡めて憲法やジェンダー問題を語る場に

★3—崔香淑
崔香淑（さい・こうしゅく／チェ・ヒャンスク、愛称「ヒャンちゃん」。演＝ハ・ヨンス）。朝鮮からの留学生として明律大学で学ぶ。生真面目な性格だが、女子部存続の危機には学長に直接抗議する勇敢さも。戦後は裁判官の汐見圭（演＝平埜生成）と結婚し、ルーツを隠して生活していた。朝ドラで在日コリアンの主要登場人物は画期的と反響を呼んだ。

★4—梅子
大庭梅子（演＝平岩紙）。寅子の同期生の中では最年長で三人の息子がいる。夫や姑に冷たく扱われ、離婚して息子たちの親権を得るために法律を学んでいた。世話好きで、手

呼んでいただくことが増えた。なかでも、三淵嘉子夫妻が過ごした小田原市の甘柑《かんかん》荘《そう》の保存会からお声がけいただき、ドラマ放映終了の翌日に「憲法カフェ」として講演をさせていただいたことは、とても嬉しく光栄なことだった。本書の第1部は、その講演をもとに加筆して再構成したものだ。『虎に翼』は、ドラマを楽しむうちに自然と憲法や法律の意味を理解できる、すぐれた「教材」でもある。ドラマを通じて憲法に興味をもった人に、より深く学んでもらえる一助となれば嬉しい。

第2部では、群像劇の中で描かれた男性キャラクターたちについて取り上げる。いまだ性差別構造が強い社会で、ジェンダー差別はなくなったほうがいいと頭ではわかっているつもりでも、失敗して批判されるのも怖くて一歩踏み出せずにいる……そういった男性たちに向けた「こういう風にだったらできるんじゃない？」という提案が『虎に翼』にはたくさんあったと思う。そういう観点で男性キャラクターについての感想をまとめてみた。

私は以前から、失敗し試行錯誤しつつも性差別的価値観から距離をおくように変容していく男性のロールモデルが社会に足りなすぎると思い、フィクションでいいから大小のロールモデルが増えてほしいと切望してきた。

製のおにぎりは皆の好物。

★5—涼子
桜川涼子（演＝桜井ユキ）。華族の令嬢で、華やかな外見と気品、流暢な英語を操る教養を持ち、雑誌にも載るセレブ。しかし「桜川家を継ぐ」ことに執着する母の支配に苦しんでいた。戦後は新潟で元女中の玉（演＝羽瀬川なぎ）とともに喫茶店「ライトハウス」を開業。

『虎に翼』に出てくる登場人物は誰も完璧ではない。第2部で取り上げる男性たちも、平気で女性差別的なことを言ったり、女性差別解消を高らかに謳《うた》っているのにわかっていない行動もしてしまったり、それを指摘されてもすぐには受け入れられなかったり。それでも、より良い自分でありたいとあがいてみるにはどうすればいいか、という問いに対する正解はひとつではないが、たとえばこういうこともできるのではないか、という目線でドラマを観ても面白いと思う。

『虎に翼』にハマった人はぜひ、エピソードを思い出しながら読んでいただければと思う。ドラマは観そびれたままだという人にも伝わるよう、物語の概略も注釈で入れながら書いたつもりである。ドラマの魅力にも、憲法の大切さにも、一緒にハマる人が増えると嬉しい。

100年先の憲法へ❖目次

寄稿

第2部

男性たちの群像

＊本書中のドラマの台詞の引用は基本的に『ＮＨＫ連続テレビ小説「虎に翼」シナリオ集』（電子書籍版）によりますが、場面により、放映された台詞に合わせた箇所もあります。

第1部

『虎に翼』が教えてくれた憲法

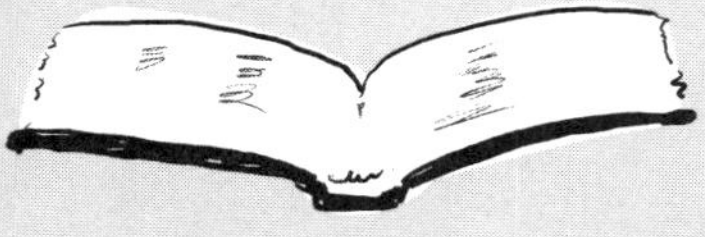

憲法を主人公にしたドラマ『虎に翼』

私の関心事は「ジェンダーと憲法」なので、『虎に翼』は私にとってまさにど真ん中のドラマで、毎日楽しみに観ていました。弁護士仲間の中でもたいへん話題になっていて、モデルになった事件や現実の登場人物の背景など、マニアックなネタで盛り上がっているのも見聞きしました。憲法や法律に明るくなくても、ストーリーを通じて「憲法や法律ってこういうものなんだ」と感じることができるドラマで、エンターテイメントができることってすごいなと思いました。

さらに深めて、そもそも憲法とは何かとか、条文や判例の意味をもう少しわかると、よりドラマを面白く観ることができると思いますので、数々の名場面を振り返りながらお話ししていきたいと思います。

第1回からいきなり憲法14条の朗読で始まったことで、冒頭から射抜かれるような気持ちでした。いまの社会では、多くの人が憲法に関心や親しみを持っているとは言いがたい状況だと思うのですが、そんななかで「憲法はこのドラマの核心なので」と、まず最初に宣言するスタイルで来るとは。
多摩川の川べりに座った寅ちゃん（佐田寅子）が、新聞に載った新憲法の条文を泣きながら読むシーンに重ねて、尾野真千子さんのナレーションが14条の条文を読み上げます。

第14条　すべて国民は、法の下に平等であって、人種、信条、性別、社会的身分又《また》は門地により、政治的、経済的又は社会的関係において、差別されない。

まさにドラマ全体を貫くテーマが、この14条に集約されています。日本国憲法はこのドラマの主人公のひとりであったとも言えると思います。
そもそも憲法とは何かという基本から、まずお話を始めましょう。

そもそも憲法って何？

私は「憲法カフェ」[★6]という名前で、あちこちに出向いて憲法の出張勉強会をする活動を行ってきましたが、そこで何度も感じたのは、そもそも憲法とは何なのか、憲法を変えるとどうなって、変えないと何が困るのか、という根本的なところを、意外と多くの人が理解されていないということです。なので、まずはここからおさえましょう。

説明の前にひとつクイズを出します。考えてみてください。

はて？

憲法を尊重し擁護しなければならない義務を負っている人は、以下のうち誰でしょうか？（複数回答可）

①天皇　②国務大臣　③国会議員　④裁判官　⑤弁護士　⑥国民

★6―憲法カフェ　筆者も参加する「明日の自由を守る若手弁護士の会（あすわか）」が中心的に行っている市民向け憲法勉強会。講師がカフェや居酒屋などに出向いて行うこともあり「憲法カフェ」と呼ぶようになった。

正解は……①から④までが憲法を尊重し擁護する義務を負う人です。

いかがでしょうか？

憲法カフェで質問すると、「国民」も入ると思っている方がけっこう多い印象です。国民には「憲法尊重擁護義務」はありません、と言うと、参加者がどよめくことがよくありました。根拠になる条文を見てみましょう。

第99条　天皇又は摂政《せっしょう》及び国務大臣、国会議員、裁判官その他の公務員は、この憲法を尊重し擁護する義務を負ふ。

摂政というのは天皇の代行をする人ですね。それから「国務大臣、国会議員、裁判官」と例が並びますが、大事なのは最後の「公務員」です。「公務員だって国民に入るんじゃないの？」と思われるかもしれません。もちろん、個人としての公務員は国民の一員ですが、仕事として公務をする、公権力を行使する立場のときには、憲法によって縛られるというわけです。

それに対して弁護士は「憲法尊重擁護義務」を負っておらず、憲法に縛られません。弁護士は公務員ではなく民間人だからです。もちろん、個人としてこの憲法を大切に思っている、守っていきたいと考える方はいると思いますし、私もそのひとりなのですが、それは公務員が負う「憲法尊重擁護義務」とは別の性質なのです。

なぜでしょうか？

ここに、憲法は何のために存在するのかというポイントがあるのです。

憲法は国民から国への命令（立憲主義）

憲法というものは人類が生まれた瞬間からあるわけではなく、長い歴史を通じて、さまざまな出来事や思想が生まれるなかで必要とされ確立されてきたから存在しています。★7 では、憲法って何のために必要なんでしょうか？

皆さん中学校の社会科の授業で習っているはずなのですが、「立憲主義」という言葉があります。

現代社会に生きている私たちは、国があり、それがさまざまな権力を持っていることを、なんとなく当たり前のように思っています。では、「国家権力」とか「公

★7──立憲主義の出発点とされるのは、議会の同意なく王が課税することを禁止したイギリスのマグナ・カルタ（1215年）である。憲法によって国家権力をコントロールしようという技術は、近代に入りフランス、イギリス、アメリカなどで精錬されていった。人びとの権利と自由を守るために編み出された知恵といえる。木村草太『憲法』（東京大学出版会）がお勧め。

権力」――つまり国が持っている強制力には、どんなものがあるでしょうか。

たとえば、車を運転していてスピード違反をしたら警察に捕まりますね。違反切符を切られて、繰り返せば最後は免許停止になってしまいます。自分は運転したくても、運転免許の効力を無効にされるわけですから、そこに強制力があります。それに逆らったら今度は、さらに法律によって刑罰を受けることになります。たとえばこういうことが、国家が持っている強制力です。

うっかりスピード違反をして免停になるのは、本人にとっては嫌なことかもしれませんが、もしもこの制度がなかったらどうなるでしょうか？　道路交通法といったルールが存在しない、あるいは存在してもそれを守らせる強制力がないとしたら……。

それは結局、弱肉強食の世界になってしまうんですね。ルールがないとか、あっても確実に徹底する力が存在しないとか、そんな世界だと、公平にみんなの権利が守られることになりません。みんなが守るべきルールを定めて、それを強制する権力を、主権者として国家に託した。なので、国家の権力行使を正当化する究極的な権威は国民にある、というのが「国民主権」ですね。

でも、国家にすべてを託していれば安心かといえば、まったくそうではありません。そういう強い権力を握った権力者は、しばしば暴走し、誰かの人権を侵害したり、不公正な政治を行う危険があります。権力がそういうものであることは、古今東西の歴史を見ればわかります。イギリスの歴史家ジョン・アクトンは「絶対的権力は絶対的に腐敗する」という言葉を残しましたが、まさにそうなのです。

皆さんも例が思い浮かぶのではないでしょうか。権力を手にした人が、自分の身内や友人ばかりをえこひいきして利益を得られるようにするとか、自分を批判する報道機関は潰してしまえ、とか。そうやって一部の権力者による横暴、野放図なふるまいによって、国民や弱い立場の人の人権が侵害される。そういう事態は世界中で繰り返されていますね。その究極の事態は戦争です。日本も例外ではありません。

だから、国家に権力を持たせるに際しては、暴走しないようコントロールしなくてはならない。どうやってコントロールするかと考えて作られたのが、憲法という仕組みなんです。

そもそも、この国の主人公は私たち主権者★8です。国家権力の源になっているのは私たち国民で、国民が主権者として、その力を代表者に託しています。そこでは無

★8—主権者
日本に住むのは日本国籍を持つ人に限らない。外国人や無国籍者にも人権は保障されなければならない。日本国憲法では「すべて国民は、法の下に平等」(14条)のように「国民」を使う条文もある一方、「何人も、いかなる奴隷的拘束も受けない」(18条)のように「何人も」という言葉を使う条文もある。最高裁は「憲法第三章の諸規定による基本的人権の保障は、権利の性質上日本国民のみをその対象としていると解されるものを除き、わが国に在留する外国人に対しても等しく及ぶものと解すべき」(最大判昭和53年10月4日)としており、これが通説

条件に託しているのではなくて、「こういう政治をせよ」あるいは「こういう政治はしてはならない」という形で、その使い方を国家権力に命令・注文しているんですね。たとえば、二度と戦争をしてはならない（9条）とか、人種や性別で差別してはならない（14条）、誰に対しても最低限度の生活を保障しなさい（25条）、などなど。

主権者である国民から国家への命令・注文が憲法だということなんですね。政治家や公務員は、憲法に反する法律を作ったり、憲法に反する政治をしてはいけない。こうして、個人の人権を守るために、国家権力の濫用《らんよう》・暴走を憲法によって抑える仕組みが「立憲主義」です。

命令の矢印の向きは「国民から国家権力へ」、ここがとても大事です。なんとなく逆向きだと思われていることが多いですよね。国から国民に言いたいことを憲法に書きこもうといった発想の政治家の発言がよくありますが、これは立憲主義を理解しない発言です。

憲法は国の最高法規です。仮に国会で多数決で決められた法律でも、憲法に反するものは効力を有しません（憲法98条）。その例が、ドラマの中でも最終盤の重要

である。国会議員の選挙権は外国人には保障されないというのが最高裁の判断である（最二判平成5年2月26日）一方、最高裁は「外国人のうちでも永住者等であってその居住する区域の地方公共団体と特段に緊密な関係を持つに至ったと認められるもの」に地方参政権を付与することは違憲ではないとしている（最三判平成7年2月28日）。この本では憲法第三章の章題にならって「国民」も用いるが、これは日本国籍保持者という意味ではなく、憲法前文の英訳にある「We, the Japanese people」つまり「私たち日本の人民」の趣旨である。

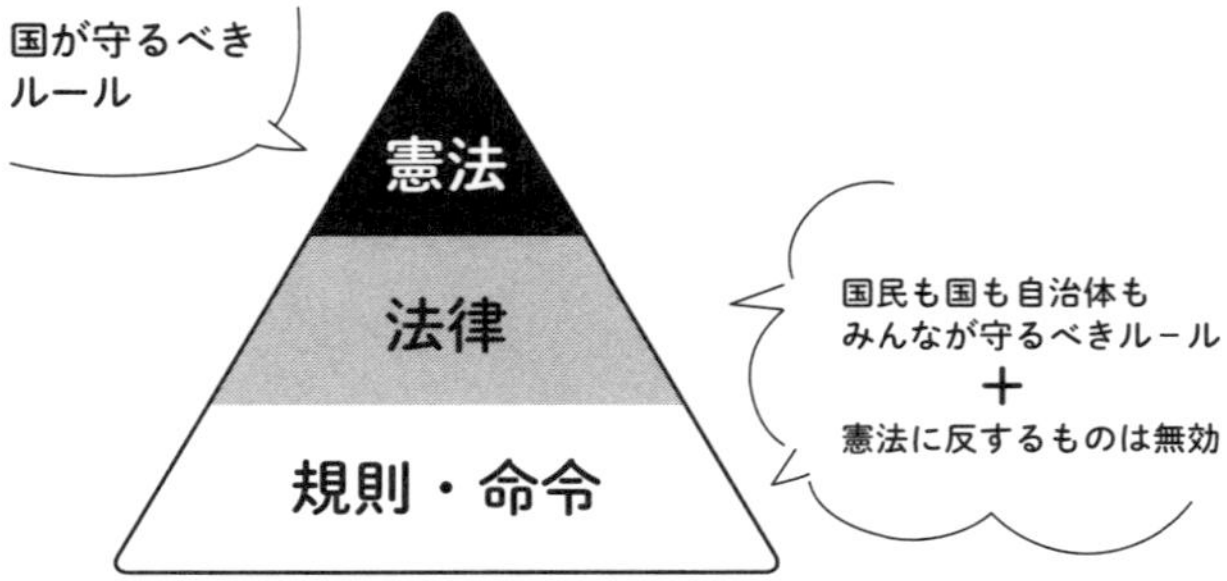

図１　憲法と法律の違い

なエピソードとして扱われた刑法の「尊属殺人罪の重罰規定」ですが、これについてはのちほど詳しくふれます。

憲法は「法律の一種」ではなく、ピラミッドの最上位にあって、法律よりも強い力を持っている（図１）。ここがとても大事です。

毎年５月３日の憲法記念日が近づくと、新聞やテレビの世論調査で、いまの憲法を改正する必要があると思うかどうかを訊いて「改正する必要がある」が何％、「改正する必要はない」が何％だった等と報道されたりします。私はそもそもこういう問いの立て方や報じ方自体がおかしいと思っています。

「いまの社会で必要なことが、この憲法のもとでは本当に実現できないのか」「どの条文をどのように変えるのか」「その改憲によって、いままでと何が変わるのか」などを具体的に提示されて初めて、賛成か反対かを検討し回答できるわけです。たとえば9条を変えると言っても、いろいろな変え方があるわけですし。そういう改憲案の具体的提示がないまま漠然と「改正の必要があると思うか」と質問するのは、実はあまり意味がないし、ミスリーディングな報道のための「世論調査」だと感じることもあります。

変える条文の案もないのに、抽象的に「あなたは改憲派？」といった質問は成立しようがありません。だから、改憲・護憲の前に「知憲」、憲法を知り理解することが大事です、といつも言っています。

敗戦によって書き込まれた「基本的人権[★9]」

現在の世界では、ほとんどの国が立憲主義を採用して憲法を定めていますが、国民が国家に対してどんな注文をつけるのかは国によって個性があります。日本では、

★9―基本的人権
日本国憲法では全99条の条文のうち「第三章 国民の権利及び義務」（10～40条）で基本的人権を定めている。

先ほどふれたように、戦争をするなということを憲法9条で定めています。これはやはり、戦争で大きな犠牲を払い、敗戦国として出直した日本の固有の歴史に基づいています。

『虎に翼』では、寅ちゃんの二番目の夫となる航一★10さんが、戦前の「総力戦研究所」★11に所属していたというエピソードがあります。航一は、この戦争は負けるというシミュレーションを政府に提出したのにそれが顧みられることなく、無謀な戦争を止められなかったという強い後悔の念を抱いており、その苦しみを吐露《とろ》する場面がありました（第90回）。この総力戦研究所は実在しました。航一のモデルである三淵乾太郎が所属していたことも、総力戦研究所が敗戦を予想したことも、政府がそれを無視したことも史実です。

他の登場人物たちも戦争には本当に苦しめられていましたね。寅ちゃんとの最後の別れになってしまった優三★12さんの出征シーン（第40回）は何度見ても胸が詰まりますし、お兄さんの直道★13も戦死し、よねのバーのマスター増野も、涼子の家の執事の岸田も空襲で亡くなり、お付きの玉は、空襲から逃げる際の怪我のため歩けなくなってしまいました。そうやって、普通の人たちの平穏な暮らしが戦争で台無しに

★10—航一
星航一（演＝岡田将生）。初代最高裁長官の星朋彦（モデルは三淵忠彦）の息子で裁判官。のちに寅子の二番目の夫となる。総力戦研究所に参加しながら開戦を止められず、戦災で妻を失ったことへの罪の意識から心を閉ざしていた。前妻との間に朋一とのどかの二人の子がいる。

★11—総力戦研究所
政府直轄の研究機関で、各省庁や陸海軍、民間から若手エリートを集め、戦争を主導する人材を育てるために設立された。1941年に提出した報告書で「緒戦の勝利は見込まれるが、その後は長期戦が必至で日本の国力は耐えられない。終末期

される経験を経て、もう二度と国にこんな戦争を起こさせてはならないと決意し、国の交戦権を放棄すると定めた。いわば主権者から国に対して「戦争をするな」と命令したのが9条です。

また、国民は平等であって差別してはならないという14条が入ったことで、人を人種・民族や性別で差別的に扱うような法律は作れなくなりました。では、新憲法ができる前はどうだったかというと、戦前の憲法（大日本帝国憲法）下では、さまざまな女性差別が憲法違反ではなかったのです。

女性は弁護士や裁判官になれないとか、民法では結婚した妻は責任能力のない「無[★14]能力者」として扱われるといったことがドラマでも描かれていましたが、これは憲法違反とはいえなかった。大日本帝国憲法では、権力に差別禁止というたがはめられていなかったんですね。新憲法によって、国民からの命令として、国が差別してはならない、法律による差別は許されないと定めたのが14条の意義だったわけです。

「憲法を変える」とは、こうやって国家権力に新たな命令や注文をするということですから、「どの条文を、何のために、どのように変えるのか」が示されなければ、

にはソ連の参戦もあり、敗北は避けられない」と予想。原爆投下を除いてこの予想はほぼ的中した（参考：読売新聞2022年8月17日）。

★12―優三
佐田優三（演＝仲野太賀）。猪爪家に書生として居候しながら弁護士をめざし夜学で学んでいたが高等試験に何度も失敗していた。書生時代の優三は寅子にとっては「家族のような」存在。寅子が弁護士となり「社会的地位のための結婚」相手を探し始めたタイミングで初めて結婚を申し出る。

★13―直道
寅子の兄、猪爪直道（演＝上川周作）。「俺にはわかる！」という根拠なき断定が口癖で、楽天的な

漠然と賛成・反対を言えないですよね、ということは先ほどお話ししたとおりです。

よねと轟《とどろき》の法律事務所★15の壁には、この14条が大きく筆で書かれていて、何度も背景として映されました。よねが「ずっとこれが欲しかったんだ、あたし達は」「自分たちの手で手に入れたかったものだ。戦争なんかのお陰じゃなく」と吐露するシーンもありました（第51回）。

日本国憲法の制定過程については後でも触れますが、GHQの民政局は、憲法草案を作るにあたり、国内外の憲法案などを参照していました。その中には、自由民権思想の研究者であった鈴木安蔵や社会統計学者の高野岩三郎らが作った「憲法研究会案」もありました。日本の自由民権運動は明治時代にさかんになり、国民の権利に重点をおいた「五日市憲法草案」などの私擬《しぎ》憲法草案が生まれていました。憲法史を専門とする古関彰一さんは、「憲法研究会案とは、自由民権期の憲法思想が、半世紀にわたる弾圧の苦闘のあとでこの二人の歴史継承者を通じて復権を果たしたことを意味するといえそうである」と述べています★16。

その意味で、日本の市民のさまざまな動きも日本国憲法の誕生に貢献したとはいえます。それでも、敗戦によってようやく手に入れることができた新憲法でした。

人柄が愛されていたが召集され戦死。

★14—無能力者
ドラマ第1週から登場したキーワード。「行為無能力者」とも言い、単独で法律行為をできないとされる者をさす。明治民法下では、日常の家事を除き、既婚の女性が社会的活動を行う際には夫の許可が必要だった（未婚の場合には父権のもとにあった）。

★15—
寅子と同じく明律大学で学んだ轟太一（演＝戸塚純貴）とよねは戦後再会し、共に「山田轟法律事務所」を開く。名前の順序をじゃんけんで決めたエピソードは当初は脚本になく、じゃんけんシーンも現場の発案で撮影さ戦争で払った犠牲の大きさを思えば、「自分たちの手で手に入れたかった。戦争なんかのお陰じゃなく」との思いは痛烈に切実でしょう。よねの表情と声がとても印象深いシーンです。

多数決で決めた法律でも侵害できない権利

先ほど、憲法と法律の違いのお話で、図1のピラミッド構造を示しました。憲法は法律の上にあり、その憲法は国家権力に対して私たち国民が守らせる命令です。いわば、憲法を押し付けているのは私たちで、憲法を押し付けられているのが国家なんですね。それに対して法律は、私たち全員が守るべきものです。国や公務員ももちろん守らなくてはいけませんが、国民にも命令の矢印は向けられています。

じゃあ、どうして私たちは法律を守らなくてはいけないんでしょう？　ちょっと美佐江[★17]っぽい訊き方になっちゃいましたけど、考えてみてください。

れたものだそう。

★16—古関彰一『日本国憲法の誕生』（岩波書店）より。

★17—美佐江
森口美佐江（演＝片岡凜）。新潟県三条の裁判所に赴任した寅子が出会う謎めいた女子高校生。成績優秀でありながら、周囲の人を操って非行や犯罪に走らせ、寅子に「どうして人を殺したらいけないのか」と真顔で問いかけるなどする。のちに娘の並木美雪（片岡凜の一人二役）も寅子のもとに現れる。

はて？

私たち国民は、なぜ法律を守らなくてはならないのでしょうか？

法律を決めるのは国会で、国会議員が議論して採決します。では、なぜ国会議員が決めた法律に私たちが縛られなくてはいけないのでしょう。国会議員は偉いから？頭がいいから？　違いますね。

国会議員は、選挙で選ばれた私たちの代表者だからです。

私たちの代わりに議論して、みんなのために必要な法律をつくる人たちが国会議員です。だから、選挙で国民が選んだ国会議員が議論して決めた法律は、言ってみれば「私たちが決めたルール」なのです。

私たちを縛ることができるのは「私たちが決めたルール」だから。それが自治ということです。自分で自分にルールを課すというのは、たとえばダイエットのために夜8時以降はお菓子を食べない、もし破ってしまった場合はペナルティとして500円ずつ貯金すると決める、といったことをイメージするといいでしょう。他人に命令されてするのではなくて、「自分ルール」を決めることで自分の生活を整えていく。自分のことは自分で決める、それを集団でするのが自治ということです。

だから本来、国会で決まった法律も本質的にはそういった「自分ルール」のはずなんですが、なかなかそうは思えないですね。「自分たち」が1億2000万人もいるから、自分だけのルールのように単純なものではないのは当然ではあります。

重要なのは、「自分のことを自分で決める」という法律を実現するために必要な要素はたくさんあるということです。たとえば、選挙権があればかならず選挙に行って投票すること。海外在住であったり、なんらかの障がいなど、投票したいのにしづらい事情があれば、そのハードルをなくすこと。自分たちの代表と思えるような候補者を支え当選させる努力をすること。議員が民意を反映するような活動をしているかウォッチし続け、意見を届けること。みんなの民意がなるべく正確に反映される選挙制度であることや、不公平な選挙運動にならないよう適切なルールが設定され、それがきちんと守られること。議会の中で本質的な議論がなされ、少数派の議員の声も反映されること……などなど。たくさんの要素が健全に機能するよう、みんなで不断に努力し続けることが民主主義や自治を実現していくのです。

ここで大事なのは、〝多数者が決めた法律であっても万能ではない〟ということです。図1のピラミッドを思い出してください。たとえ多数決で決められたことであっても、絶対に侵害してはいけない大切な価値がある。それを法律より上位の憲法に書き込んでおこうということで、憲法には国民の基本的人権に関する条項がたくさんあります。

お話ししたように、憲法は法律より強い最高法規です（憲法97〜99条）。では、「憲法に違反する法律は作れない」のでしょうか？

はて？

国会は、憲法に違反する法律を作れるでしょうか？

実は、作れるんですね。内容が憲法に違反していても、法律を作ること自体はできてしまいます。

「それじゃ憲法の意味がないんじゃないの？」って思いますよね。でも、考えてみてください。法律はどうしたら作れるのでしたか？

国会議員が議論して、最後は多数決で採決しますね。国会の多数議席をとれば、内容が憲法違反でも法律は成立してしまうんです。たとえば、２０１５年に成立してしまった安保法制は明らかに憲法違反です。弁護士会の声明[★18]も研究者の声明もたくさんあがり、多くの市民が反対したのに、憲法違反の法律が現にできてしまっている時代を私たちは生きています。

「だとしたら、憲法が最高法規だと言っても意味がないんじゃない？」って思いますよね。そういう場合は後から修正するんです。大きく二つのパターンがあって、国会による立法で、新しい法律で旧い法律の違憲部分を廃止したり修正したりするのがひとつの方法。もうひとつは、裁判所が「その法律は憲法違反です」と宣言するパターンです。この裁判所の権限を違憲立法審査権[★19]といいますが、これを定める条文は次のとおりです。

第81条　最高裁判所は、一切の法律、命令、規則又は処分が憲法に適合するかしないかを決定する権限を有する終審裁判所である。

ドラマの中では、かつて刑法に存在した、殺人の中でも被害者が「尊属」であっ

★18—弁護士会の声明
日本弁護士連合会声明「安保法は立憲主義に反し憲法違反です」 https://www.nichibenren.or.jp/activity/human/constitution_issue/ikenkokoku.html このほかにも全国の都道府県の弁護士会が、安保法に反対する意見を表明した。

★19—違憲立法審査権
国会による立法の合憲性を判断する権限を持つ裁判所は「憲法の番人」とも呼ばれるが、日米安保条約のように「高度な政治性」を持つ国家の行為については判断しない立場（統治行為論）をとることが多く、十分な機能を果たしていないとも指摘される。

た場合にはより重く処罰する（死刑か無期懲役のみ）重罰規定について、まさにこの権限に基づいて最高裁長官の桂場★20さんたちが違憲の判断を下しました。実際にもこの時期に違憲判決が下され、法令が違憲とされた史上初めての事例となりました。

別の例で、最近下された違憲判決としては、旧優生保護法のもとで障がいなどを理由に不妊手術を強制された人たちが国を訴えた裁判の判決で、最高裁判所が旧優生保護法は憲法違反だと判断したものがあります（２０２４年７月３日）。

この判決は「旧優生保護法の立法目的は当時の社会状況を考えても正当とはいえない。生殖能力の喪失という重大な犠牲を求めるもので個人の尊厳と人格の尊重の精神に著しく反し、憲法13条に違反する」と述べています。

> 第13条　すべて国民は、個人として尊重される。生命、自由及び幸福追求に対する国民の権利については、公共の福祉に反しない限り、立法その他の国政の上で、最大の尊重を必要とする。

ドラマでは、新憲法に出会って感動した寅ちゃんが、花江★21や直明★22ら家族に13条と

★20—桂場
桂場等一郎（演＝松山ケンイチ）。法学者・穂高重親の弟子であり、戦前から判事を務める有能な裁判官。戦後は司法省人事課長として寅子を民法調査室に採用し、のち家庭裁判所設立準備チームに任命するなど節目節目で影響を与える。最高裁長官就任後はブルーパージとよばれる左派の青年裁判官の排除を断行した。モデルは最高裁長官（１９６３～１９６９年）の石田和外《かずと》。石田は「日本会議」の前身団体の創設者でもある。

14条を読み上げて「ね、素晴らしいでしょう」と言う場面がありましたね（第45回）。多数決によって、少数者の個人の尊厳と人格の尊重の精神に反する内容の法律が作られてしまうことは、残念ながらあります。しかし、それにNOを突きつけたいとき、憲法がその道具になります。

〝法律でも侵害してはならない大切な価値がある〟ということが大事です。多数決で決められた法律でも、憲法が保障する人権を侵害するようなものであれば違憲・無効にできる。憲法は言ってみれば、少数者（マイノリティ）の人権保障の最後の砦《とりで》なのです。

従いたくない法律を変えるには？

もし、こんな法律は理不尽だから従いたくない、みんなのためにならないと思うようなことがあれば、変えるには二つのやり方があります。立法府である国会で法律を改正する方法と、司法、つまり裁判を通じて違憲判決を勝ち取る方法です。

まずひとつめの方法は、国会に旧い法律を改正させたり、新しい法律を作らせる

★21―花江
猪爪花江（演＝森田望智）。女学校時代からの寅子の親友で、直道と結婚し兄嫁となる。働く寅子に代わって家庭を支え、優未ら家族からも信頼が篤い。

★22―直明
猪爪直明（演＝三山凌輝）。寅子の年の離れた弟。責任感が強く家族からも愛されるが、家族と離れて疎開した経験から成人後も寂しがりな一面を見せる。寅子の励ましを受けて大学に進学し、卒業後は教師になる。

こと。そのためには、国会議員に陳情したり、仲間を集めて集会やイベントを開いたり、メディアに報道してもらったり、SNSで発信したりして世論を盛り上げる。あるいは、国連などの国際機関に訴え出たり、地元自治体の議会にはたらきかけて国に対する意見書を出させる。さまざまな方法で訴えることで、国会議員を動かすことができます。それでも動かなければ、法改正に賛成の議員を当選させて、国会の中の勢力図を変えることもできます。民主主義の実践ですね。

不合理な法律を変えるもうひとつの方法は、司法を通じて変える道です。この法律は憲法違反だということを裁判で主張して、裁判所が「たしかに憲法違反だから従わなくていい、違憲・無効です」と宣言すれば、国会もそれを尊重して法律を変えざるをえなくなる。

『虎に翼』の中では、よねと轟の二人が弁護士として尊属殺の裁判をたたかって、違憲判決を勝ち取りました。ただし日本では、自分自身の権利が法律や行政の行為によって侵害された当事者しか、裁判手続きで憲法違反の主張をすることはできません。★23 ドラマでは美位子という女性が被告人でしたが、彼女が実の父親から受けた性暴力被害の結果、実父を殺すまで追い込まれてしまったという悲劇を、まわりの

★23——裁判所による違憲性の判断には、具体的事件の裁判を通じて行う仕組みと、具体的事件がなくても法律等を直接裁判所が判断する仕組みがあり、日本は前者。ドイツなどにある憲法裁判所は後者の仕組みにおける憲法裁判を行うための裁判所だが、日本にはこのような裁判所はなく、通常の裁判所で、当事者が具体的事件において憲法違反の主張をした場合に判断する。

人がどんなに気の毒に思っても、他の人が代わりに裁判を起こして尊属殺重罰規定は憲法違反であると主張することはできないんですね。理不尽な法律によって具体的な不利益を被っている人、起訴された人、そういう人だけが当事者として、関連する法令の憲法違反を主張できることになります。

二つの方法でずっと頑張っているのが、選択的夫婦別姓を求める運動です。ドラマでも、航一との再婚にあたって寅ちゃんが悩む場面が描かれましたね。5人の寅ちゃんが脳内でバトルを繰り広げて彼女の葛藤を表す場面（第１０２回）は、伊藤沙莉さんのコミカルな演技力に感じ入るシーンでもありました。結果的にドラマでは二人は事実婚を選び、寅子は結婚前からの「佐田」の姓を最後まで名乗っていました。

ご存じの通り、いまの法律では法律婚をすると夫婦どちらかが名字を変えなければなりません。民法の記載上は夫婦どちらの姓にしても構わないとされてはいますが、実際には95％のカップルで妻が名字を変えています。[★24] 条文の文言では中立的であっても、それだけで性差別的な状況をなくせるほど簡単ではないのですよね。「結婚したら妻は夫の名字に変えるのが当然」という性差別的な慣習が残る社会

★24—２０２３年に法律婚した夫婦の94・5％（44万８３９７組）が夫の姓を選択している。内閣府男女共同参画局調べ https://www.gender.go.jp/research/fufusei/

状況では、婚姻届と夫婦同姓がセットである以上、やはり女性が婚姻で姓を変えるよう強いられてしまう。そのようなアイデンティティにかかわる改姓を、もっぱら女性だけに強制する法律はやはり差別的なので、夫婦が異なる名字で婚姻届を出すことも選べるように民法を改正しようというのが選択的夫婦別姓の考え方です。

日本でも、選択的夫婦別姓を導入する法改正の機運は１９９６年にあったのです。この背景は国際的な動きでした。国連は１９７５年を国際婦人年（International Women's Year）と定め、世界各国が女性差別解消の機運を高めていきました。日本も国連の方針に対応し、１９８０年に女性差別撤廃条約を批准《ひじゅん》するに当たって、雇用の分野における男女の均等な機会と待遇を確保するため国内法の整備を行うことになりました。その一環として１９８５年に男女雇用機会均等法が制定されました。国籍法を改正して、父系血統主義から父母両系主義にした（１９８４年）のもこの機運によるものです。

こうした女性差別解消に向けた国際的な機運のなか、１９９６年、法務省の法制審議会は、選択的夫婦別姓を導入する内容を含む民法改正の要綱案を答申しました。それにもかかわらず、国会に提出もされず30年近く棚ざらしの状態です。法務大臣の諮問《しもん》機関である法制審議会が法案要綱を答申すれば普通は法律になるので、このように国会提出もされていないというのはきわめて異例な経緯です。

　裁判官出身で当時、法務省民事局参事官で法制審議会幹事だった小池信行さんは、次のように述懐しています。★25 法案の閣議決定の前に、与党である自民党の法務部会の承認を得るという慣行に従って、自民党議員への説明に行った際、「法制審議会ではむしろ行け行けどんどんであったにもかかわらず、国会（議員）に行ってみたらまったく情勢が違うなあということがわかった」「自民党議員の8～9割は反対という意見だった。中には、お堅い法務省がなぜこんなふざけた法案を考えるのだと一喝されたこともあった」「一番多かった理由は〝夫婦の氏《うじ》が同じである〟ことが〝家族の一体感〟、家族の絆を守るという価値がある」というものだった。「そもそもなぜ夫婦別姓という制度が必要なのかわからない、という議員も多かった」と話しています。ひどいですね、本当に。

　氏（姓）を変えたくない、アイデンティティにかかわる問題だという多くの女性の切実な声を軽んじ、軽んじているという自覚もない政治家が多かったために、なかなか法改正できずにいます。もういい加減、今年くらいには変えたいものですね。

★25 — 小池信行・元法務省民事局参事官、弁護士「選択的夫婦別姓　１９９６年答申の意義」日本記者クラブ、２０２２年1月25日　https://www.youtube.com/watch?v=OiOwFd_qORw

日本も批准している女性差別撤廃条約の第２条は、女性に対する差別法規の改廃義務を定めており、同条約第16条１項は「締約国は、婚姻及び家族関係に係るすべての事項について女子に対する差別を撤廃する。特に自由かつ完全な合意のみにより婚姻をする権利、夫及び妻の同一の個人的権利（姓及び職業を選択する権利）を確保する」ともあります。

国連の女性差別撤廃委員会（CEDAW）は、日本の民法が定める夫婦同氏が「差別的な規定」であるとし、これを改善することを、２００３年、２００９年、２０１６年、２０２４年の四度にわたり勧告している状況です。★26

ここまでの状況があっても、国会が頑《かたく》なに法改正をしないなかで、それならば裁判で違憲判決を勝ち取ろうと立ち上がった方々が、２０１１年から裁判闘争も続けています。２０１５年の最高裁判決では多数意見が合憲だったため違憲判決は下されませんでしたが、15名中５名の裁判官（うち３人は女性）が、夫婦同姓の強制は違憲であるという意見を述べました。★27 当時の最高裁の女性判事３名全員と、男性判事２名が違憲と判断し、男性判事10名が合憲と判断したことになります。

２０１８年から始まった第２次訴訟については、２０２１年に最高裁大法廷がま

★26—CEDAWの勧告
２０２４年の勧告内容は多岐にわたるが、その中で男性しか天皇になれない皇室典範の改正を求めたことに日本政府が反発し外務省は国連人権高等弁務官事務所（OHCHR）への任意拠出金の使途からCEDAWを除外すること、本年度予定のCEDAW委員の訪日プログラム実施を見合わせることを発表した。NGOや市民団体を中心に抗議の声があがり、２万５９０２筆のオンライン署名が提出されたが、２０２５年３月現在も政府は対応を変更していない。

★27—
平成27年12月16日最高裁判所大法廷判決。岡部喜代子裁判官は、夫婦別姓

た合憲判断を出しましたが、15名中4人の裁判官（うち１人が女性）が違憲の意見を述べました。[★28] ２０２４年に三度目の集団提訴がなされています。原告として国を相手に訴えを起こし、最高裁までたたかい抜くのは本当に大変なことで、当事者と弁護団の方々を心から尊敬します。

　述べてきたとおり、立法による解決も裁判所による解決も、大変な努力がなされており、結果として少数意見とはいえ裁判官から違憲の意見が出されたり、選択的夫婦別姓に賛成の世論も拡がるなど、少しずつですが前進も見られます。それでも、選択的夫婦別姓制度の導入という成果は得られていないのですが、個人の人権を保障するのにふさわしくない法律は自分たちの手で変えていける、変えていこうというダイナミズムを感じますね。誰かが変えてくれるのではなく、私たち自身が声をあげれば変えられるんだということは、ドラマの中で繰り返し描かれたメッセージでした。

　ちなみに、２０１５年の最高裁判決で違憲という意見に賛同した判事のひとり櫻井龍子さんは『虎に翼』の大ファンだそうで、講演やメディアのインタビューで熱い思いを語っています。朝日新聞のインタビュー[★29]で、櫻井さんは「最高裁判事にな

という例外を認めないことは、多くの場合、妻となった者のみが、個人の尊厳の基礎である「個人識別機能」を損ねられ、「自己喪失感」といった負担を負うことになるとして「個人の尊厳と両性の本質的平等に立脚した制度とはいえない」とした。櫻井龍子裁判官、鬼丸かおる裁判官が同意見。

★28――令和３年６月23日最高裁判所大法廷判決。

★29――『虎に翼』に涙した元最高裁判事、櫻井龍子さん「現代の共感こそ問題」朝日新聞デジタル、２０２４年９月13日　https://digital.asahi.com/articles/ASS9B1V4KS9BULLI009M.html

った当初、『反対意見なんて周囲を説得できなかった結果なのだから書くのは格好悪い』と思っていたんです。でも、意見を書いておくことはとても大切。この意見に時代が追いつくことがあるからです」「少数派の声だから残しておく。大事なんです」と語っています。櫻井さんのこの言葉は、寅子の「おかしいと声をあげた人の声は決して消えない」（第68回）とシンクロして感じられ、何度も読み返しました。

本来は、国会がさっさと立法で解決すべきだと思いますが、それがあまりにも進まないので、最高裁が違憲判決を出すのとどちらが先になるのでしょうね。

このように、違憲の法律で個人の人権が侵害されているときには二つの解決の道筋があるわけですが、どちらも容易なことではありません。本来、一番いいのは最初からおかしな法律が作られないようにすることですよね。人権感覚のある人たちを国会議員にすることが大事ですし、問題がある法案がないか、関心をもってウォッチし声をあげることは、私たちが幸せに生きていくために本当に重要なことです。

尊属殺をめぐる違憲判決の例

違憲判決の具体例を見てみましょう。美位子の裁判のモデルになった事件です。１９６８年に栃木県矢板市で起きた、20代の娘による実父殺人事件で、刑法の尊属殺の重罰規定が憲法違反ではないかが争点となりました。私は以前から、憲法カフェ等で違憲立法審査権が行使された実例としてこの判例を紹介しており、名演説のような弁護人の弁論を読んで感動していました。なので、ドラマ終盤のクライマックスで尊属殺重罰規定の違憲判決がテーマになることに気づいたときは、「あの弁論をよねがやるのか……！」と、見る前からすでに胸が熱くなる思いでした。後述するとおり、よねの弁論は、実際の弁論のままではないものの、かなりその内容を意識したものだったと思います。

まず、「尊属」という言葉自体、聞いたこともなかった方が多いと思うので説明しましょう。尊属とは血縁者の中で自分より前の世代、つまり父母、祖父母、曾祖父母などのことです。反対に、自分より後の世代、子や孫を指す言葉は「卑属《ひぞく》」。

先に生まれた人を、それだけを理由に尊敬し大事にしなくてはならないという、封建的な臭いが言葉自体から感じられますよね。

1995年以前の刑法の規定には、このような条文がありました。★30

第二〇〇条　自己又ハ配偶者ノ直系尊属ヲ殺シタル者ハ死刑又ハ無期懲役ニ処ス

自分の父母や祖父母、あるいは夫や妻の父母や祖父母を殺したら、有期の懲役刑はなく死刑か無期懲役しかないという規定です。これは一般の殺人罪よりも重罰で、どんな気の毒な事情があっても執行猶予がつけられません。通常の殺人事件では、なんらかの汲むべき事情があって裁判所が情状酌量《しゃくりょう》を認めれば、有罪でも執行猶予がついて刑務所には入らなくていいという判決がありえます。同じ有罪判決でも、執行猶予がつくかつかないかで全然違いますよね。殺人罪で執行猶予がつくことはかなりめずらしいものの、事情によっては少数ながら例があります。ところが、殺した相手が親や祖父母などだった場合は、この刑法200条の規定が適用され、ど

★30——後述するとおり1973年の最高裁違憲判決以降は通達により適用されず、条文は存在しても死文化した。

んな事情があっても死刑か無期懲役刑で刑務所に行かなければなりませんでした。

現実の事件の経緯は、ドラマで描かれたものとかなり一致しています。被告人の女性は、中学生くらいのころから実の父親による性虐待を受け、父親の子を妊娠して5回出産し、2人は亡くなり3人を育てていたそうです。実の母は逃げ出しており、父と娘なのに、はた目には「夫婦同然」の生活を強いられるという、あまりに凄惨な性虐待でした。

その女性が、就職をきっかけに恋人ができて結婚を考えはじめた。すると父親が嫉妬《しっと》に狂って彼女を監禁し、仕事にも行かせなかった。本当におぞましいですが、判決文によれば「俺は赤ん坊のとき親に捨てられ、一七才のとき上京して苦労した、そんな苦労をして育てたのに、お前は十何年間も、俺をもてあそんできて、このばいた女」「ばいた女、出てくんだら出てけ、どこまでも追つてゆくからな、俺は頭にきているんだ、三人の子供位は始末してやるから、おめえはどこまでものろい殺してやる」などと罵《ののし》ったそうです。[★31] その末に、彼女は紐で父親の首を締め殺害した。そういう事件でした。

殺害してはならないのは当然ですが、しかし、被告人は、誰も救ってくれない地

★31——第一審判決に事案が詳しい（昭和44年5月29日宇都宮地裁判決）。

獄の日々の末に、殺人にまで追い込まれたという、あまりに痛ましい経緯でした。にもかかわらず、当時の刑法の規定では、この女性は刑務所に行くことを避けられなかったわけです。それはあまりに理不尽だということで、弁護人がこの尊属殺規定の違憲性を主張して争いました。

ドラマでも出てきましたが、この尊属殺の重罰規定の違憲性はその前にも裁判で争われていたのです。最高裁判事時代の穂高先生[★32]が、違憲だという意見を述べていたというエピソードが出てきましたが、実際に、モデルとなった法学者の穂積重遠は1950年10月、違憲とする意見を述べていました。

最高裁で合憲判断が出ていたわけですから、本当にハードルが高いチャレンジだったわけですね。そしてドラマでは、よねが最高裁の法廷で弁論します（第126回）。長いですが引用しましょう。

「尊属殺人の重罰規定は明らかな憲法違反です。（…）昭和25年に言い渡された刑法第200条の最高裁合憲判決。その基本的な理由となるのは『人類普遍の道徳原理』に違反しているからだそうです……はて？」

★32―穂高先生
法学者・穂高重親（演＝小林薫）。戦前からの法学の大家で、明律大学に法科女子部を新設することを提言し、女性法曹の道を開いた。寅子との微妙な師弟関係については第2部で。

「本件において道徳の原理を一番踏みにじったのは誰か？　……尊属である父を殺した被告人ですか？　それとも家族に日常的に暴力をふるい、妻に逃げられ、娘を強姦し続け、子を産ませ、結婚を阻止する為に娘を監禁した被害者である父親ですか？　暴力行為だけでも許し難いのに、背徳行為を重ね畜生道に堕ちた父親でも、彼を尊属として保護し、子供である被告人は服従と従順な女体であることを要求されるのでしょうか？　それが人類普遍の道徳原理ならば、この社会と我々も畜生道に堕ちたと言わざるを得ない。いや畜生以下、クソだ！」

「憲法第14条は【すべての国民が法の下に平等である】とし、第13条には【すべての国民は個人として尊重される】とある。(…)本件は愛する人と出会った被告人が、全ての権利を取り戻そうとした際、父親から監禁と暴力による妨害をうけた結果であります。当然正当防衛もしくは過剰防衛に該当する。もし今も尚、尊属殺の重罰規定が憲法第14条に違反しないものとするならば……無力な憲法を、無力な司法を、無力なこの社会を、嘆かざるを得ない！」

この台詞は、実際の弁護人である大貫正一弁護士の弁論をかなり忠実になぞっていて、これも名演説のような、人の心を揺さぶるものでした。

「刑法２００条の合憲論の基本的理由になっている『人倫の大本・人類普遍の道徳原理』に違反したのは一体誰でありましょうか。本件においては被告人は犠牲者であり、被害者こその道徳原理をふみにじっていることは一点の疑いもないのであります」「被害者の如き父親をも刑法２００条は尊属として保護しているのでありましょうか。かかる畜生道にも等しい父であっても、その子は子として服従を強いられるのが人類普遍の道徳原理なのでありましょうか。本件被告人の犯行に対し、刑法２００条が適用されかつ右規定が憲法14条に違反しないものであるとすれば、憲法とは何んと無力なものでありましょうか」[★33]

『虎に翼』の脚本の素晴らしいところは、もちろん家族の愛情も描いているのですが、同時に「血がつながっているんだから家族はわかりあえるはず、仲良くしなければならない」というメッセージを、いろいろなエピソードを通じて無力化しようとしているところだと私は思っています。家族として一緒にいることで個人が幸

★33――神田憲行「『父殺しの女性』を救った日本初の法令違憲判決――憲法第14条と『尊属殺人』」日経プラス　https://business.nikkei.com/atcl/report/15/120100058/120200001/

せになれる家族なら、家族として暮らしていく個人の権利が保障されるべきである一方、誰かと家族でいることで抑圧され、幸福ではない個人が家族から解放される権利もとても大事です。梅子や涼子など、抑圧的な家族の軛《くびき》から女性たちが解放されていく姿も多く描かれていました。

寅子の家族でも、弟の直明が大学に行かず働くとして「僕は、猪爪家の男として、この家の大黒柱にならないと」と言うと、寅子が「そんなものならなくていい！」「新しい憲法の話をしたでしょ!? 男も女も平等なの。男だからって、あなたが全部背負わなくていい。そういう時代は終わったの」と言い、花江が「そうよね、家族みんなが柱になって支えていけばいいのよね」と畳みかける場面がありました（第45回）。

ここで寅子は、新しくできた憲法の13条と14条を読み上げていました。性別を問わず、「男ならこうしなくては」「女はこうしてはならない」などのジェンダー役割から自由になって、個人の幸せを追求していいんだということを家族に伝えるために憲法の条文を引用したわけですね。

憲法は少数者の権利のためにある

あらためて、憲法って何のためにあるのでしょうか。憲法があって本当によかった、助けられたと一番思うような場面って、どういうときだと思いますか？

私は、自分が少数派（マイノリティ）であるときだと思うんですね。社会の中で多数派（マジョリティ）の意見というのは、おおむね法律の中にも書き込まれているから、マジョリティとしてはそんなに困っていない。だからマジョリティにとっては、この社会はそこそこ公正だと思えるし、困ったことがあっても救済してくれる制度も見つかりやすい。それに対して少数派の意見というのは、国会の議席などにも反映されないので、そもそも想定されず、なかなか顧《かえり》みられない。そのため、多数派の意見に基づいて作られた法律によって、少数派の人権が侵害されるということが現に起きてしまうわけです。

尊属殺人罪に該当する犯罪を犯してしまう人というのは、数としては圧倒的な少数派ですし、どんな事情があろうと犯罪を犯したことについて社会から非難を受けるという意味でも、なかなか声をあげづらい立場に立たされます。そういう人たちの人権を守ろうという声は、多数決の原理のもとではなかなか通りにくく、法律にも反映されづらい。それでも、数の上でどれほど少数であっても、侵害してはならない権利として「差別されない権利」が憲法14条に定められているから、法律でもそれを侵害してはならないのです。少数者の人権保障の最後の拠《よ》りどころが憲法だというのは、こういう場面で発揮されます。

『虎に翼』ではさまざまなマイノリティへの差別が描かれました。

たとえば、朝鮮出身の崔香淑は、出自を理由に娘にも差別が及ぶことを恐れて、本名を隠し「汐見香子」と名乗って生き、娘の薫が大学生になるまで、そのことを娘にも黙っていました。在日コリアンへの差別は、ヘイトデモが繰り広げられたり、ネット上のデマがしつこくはびこり続けるという形で、残念なことに現在も続いています。

轟太一は同性愛者で、お互いに尊敬し愛情の深いパートナーがいるのに、法律上の婚姻関係にはなれないし、偏見を恐れて限られた相手にしかその関係を伝えていないことがうかがえます。

梅子の家族をめぐるエピソードも、家父長制が女性を抑圧するものだということがまざまざと表れており、印象深いですね。戦前の法律では、妻が不倫をすれば「姦通罪」として罪になる一方、夫は堂々と愛人をつくってもお咎《とが》めなしでした。梅子は、高等試験受験の直前に夫から「もう息子達とは会えないと思え」と一方的に離婚を言い渡され、三男の光三郎を連れて家出しました。そこから寅子たちとは10年以上音信不通でしたが、戦後に家庭裁判所で偶然寅子と再会します。梅子は、家出したもののすぐに連れ戻され、病に倒れた夫の世話をしながら過ごしていました。

戦前の民法が定めた相続は「家督相続」といって、長男がすべての遺産を手にする制度で、夫が亡くなっても配偶者である妻や、長男以外の子にはいっさい相続権がありませんでした。梅子の家族の相続（第61～64回）をめぐっては、登場回数は少ないものの、息子たち3人の人物造形もインパクトがありました。

長男の徹太は以前から、父親のモラハラ的言動をそのまま受け継いだように、母である梅子に横暴な態度でした。相続でも、自分が全部もらえるのが当然だという「家長」意識が露骨です。次男の徹次は戦争で負傷し、復員後も働かず酒びたりで屈折を抱えています。実家が裕福だからなんとかなっていたのでしょうが、いざ父が亡くなり、自分には十分な遺産が入らないかもしれないとなって徹次は焦ったのでしょう。それで「母さんが相続放棄すればいいんだ」なんて口走ってしまう。愛情を注いで、幸せになることを願って子育てしていたのに、その息子が母親をあっさりと軽んじる大人に育ってしまうというのは苦いですね。

性差別構造が強い社会で生きていると女性を軽視する価値観を内面化してしまい、それは家族にも向けられることがある、というのはいまの社会にもあることです。この時代ならなおさらそうだったことでしょう。平等権を定めた憲法や、家制度を廃止した民主的な民法が施行されてから間もない時期で、そう簡単に人の価値観が変わっていなかったことは想像に難くありません。

三淵嘉子が辿《たど》った茨《いばら》の道

人の価値観が簡単に変わらないということでは、航一の父親で最高裁長官だった星朋彦が著書『日常生活と民法　補修版』の序文の一部を読み上げる場面を思い出します（第67回）。

「今次の戦争で日本は敗れ、国の立て直しを迫られ、民法も改定されました。私たちの現実の生活より進んだ所のものを取り入れて規定していますから、これが国民に馴染むまで相当の工夫や努力と日時を要するでしょう。人が作ったものです。古くなるでしょう、間違いもあるでしょう。私はこの民法が早く国民に馴染み、新しく正しいものに変わっていくことを望みます」

易しい言葉なのに、深くて知的な文章で、とてもいいシーンでした。居合わせた竹もと[★34]のお客さんたちも聞き入って、読み終わったら拍手がわいていましたね。

星長官のモデルとなった三淵忠彦長官は、実際に『日常生活と民法』という市民向けの解説書を書いており、戦後に三淵嘉子さん（当時の姓は和田）がその補修をしました。その実際の本の文章をもとにアレンジしたのがこの文章です。

寅ちゃんも、戦前の法改正の前は弁護士になることができず、弁護士になってからも女性だからということでなかなか仕事をもらえなかった。裁判官の職も、戦後すぐには女性に門戸が開かれず、同じ試験に受かっても男性しか採用されなかった。その時代に、三淵嘉子さんが司法省に「私を裁判官として採用してください」と直

★34──竹もと
寅子たちが学生時代から憩いの場とした甘味処。店主夫婦の引退後、非行少年だった道男（演＝和田庵）と梅子の二人が後を継ぎ、寿司と甘味を出す「笹竹」と改名した。

談判したというのも史実だそうです。[★35]

当時の三淵嘉子さんは戦争で夫を亡くし、疎開生活もとても大変だったようです。ドラマの中では、終戦翌年の１９４６年、家族のために再び弁護士として働こうと、妊娠するまで働いていた雲野弁護士[★36]の事務所を訪ねるエピソードがありました。そのとき、先輩弁護士の岩居は「あの時、やめておいて正解だったよ」「結局扱う案件も少なくなって、常盤さんにも山田くんにも辞めてもらうことになってしまってね」と言います。雲野事務所も苦しい状況であることを察した寅子は、就職させてほしいと言えずに帰ってしまいました（第42回）。

戦時中、弁護士がどういう暮らしをしていたかなど、私はあまり考えたこともなかったのですが、戦争中は民事訴訟が激減し、弁護士は実際に仕事がなくて干上がっていたそうです。戦争のために挙国一致と言っているときに裁判どころではないという感じだったようですし、市民の経済生活がままならなくなって、会社を畳まざるを得ないとか、必要な部品なども入ってこなくなって開店休業になってしまうとか、社員や経営者が出征してしまうとか、そういうことを想像すれば、弁護士への業務依頼も減って当然だなと思います。平和な時代には意識もしませんが、平和

★35—清永聡『家庭裁判所物語』（日本評論社）。

★36—雲野弁護士
弁護士の雲野六郎（演＝塚地武雅）。寅子が弁護士として就職した事務所の代表。戦前は思想弾圧事件、戦後は原爆裁判など常に民衆の側に立ち権力と対峙した。弁護費用を払えない依頼者でも引き受けてしまうので、後輩弁護士の岩居（演＝趙珉和）らはいつも渋い顔。

だからこそ自分の権利を主張して争うことができるんですね。

　どうやって家族を扶養していこうかと悩む寅ちゃんの切羽詰まった気持ち、想像するだけで胃が痛くなりますね。三淵さんもどんなに大変だったでしょう。史実としては、三淵さんは１９４４年に明治女子専門学校（戦争末期に明治大学専門部女子部より改称）の教員となり、その後福島に疎開していったん退職したのでしょうが、戦後また明治女子専門学校で教授の職を得ていました。しかし、給与は安く、激しいインフレもあり、それだけでは３人の弟と一人息子を養うことはできずに悩んだそうです。[★37] その後、ドラマで描かれたように１９４７年３月に司法省に採用願を出しました。

　こういう経過で、ひとりの女性が家族を何人も亡くし、幼い子どもを抱えて必死に生きていこうとするなかで、結果として日本初の女性裁判官となったわけです。三淵さんの優秀さを思えば、振り返って必然的にそうなったと言えるかもしれませんが、やっぱり波瀾万丈のドラマのような史実だと思わずにいられません。

★37――清永聡『家庭裁判所物語』。

憲法24条と民法改正

寅子は司法省に採用されて、民法改正の作業にかかわることになりました（第46回）。日本国憲法が１９４６年11月に公布、47年５月から施行という状況下、それに合わせて民法を改正するための作業が急ピッチで進められていました。46年７月、内閣に臨時法制調査会が設けられ、民法の改正についての審議が開始されていましたが、日本国憲法施行までには改正が間に合わず[★38]、47年４月に「日本国憲法の施行に伴う民法の応急的措置に関する法律」という応急措置を作って、日本国憲法と抵触しそうないくつかの事項（妻を「無能力者」と扱う規定など）は適用しない、この応急措置の法律は48年１月１日には失効するとしていました。つまり、なんとしても１９４７年のうちには民法改正を完了していなくてはならなかったのですね。

終戦直後の慌ただしさ、目まぐるしさを感じます。寅子が司法省に採用されたのはまさにこの、大急ぎで民法改正作業を仕上げなくてはならない時期でした。史実でも、三淵嘉子さんは47年６月に司法省民事部民法調査室に配属され、民法改正作業

★38——法務省資料「これまでの改正の経緯」https://www.moj.go.jp/content/001143587.pdf

にあたっていました。[39] ここでまず、憲法24条の条文を見てみましょう。

第24条　婚姻は、両性の合意のみに基いて成立し、夫婦が同等の権利を有することを基本として、相互の協力により、維持されなければならない。
2　配偶者の選択、財産権、相続、住居の選定、離婚並びに婚姻及び家族に関するその他の事項に関しては、法律は、個人の尊厳と両性の本質的平等に立脚して、制定されなければならない。

1項の「夫婦が同等の権利を有する」、2項の「配偶者の選択、財産権、相続、住居の選定、離婚並びに婚姻及び家族に関するその他の事項」に関する法律は「個人の尊厳と両性の本質的平等に立脚して」制定される、要するに法律の上で性差別をしてはいけないという内容は、いま見ると当然のことを書いているだけのように思えますが、当時の状況からすれば革命的でした。戦前の民法は、妻を「無能力者」と定めるような内容だったわけですから。それだけに、新憲法の制定過程でもこの条文をめぐっては相当議論が紛糾しました。

★39——清永聡『家庭裁判所物語』41頁。

憲法の制定過程にはさまざまなドラマがありましたが、24条についてはベアテ・シロタ・ゴードンという女性が大きな役割を果たしたことが知られています。1923年生まれで三淵嘉子より9歳ほど年下のベアテは、少女時代を両親と東京で過ごしました。『虎に翼』でいうと初回の、寅子がお見合いを嫌がっていた女学生の頃から、司法試験に合格した翌年までベアテは東京で暮らし、寅子と同じ社会の空気を吸っていたのです。

敗戦国である日本がGHQ（連合国軍総司令部）から新憲法の制定を命じられた当初、日本政府側もいくつか草案を作っていました。でも、それが戦前の封建的な憲法とあまり変わらないものだったため、GHQは急遽《きゅうきょ》、憲法草案を作ることにしました。★40 その過程で、さまざまな人を集めて条文を検討させたのですが、その中にいたのがベアテでした。

ベアテから日本女性たちへの贈りもの

ベアテはオーストリアのウィーン生まれのユダヤ人です。父親のレオ・シロタは

★40 — 日本国憲法の制定にあたっては、本文で触れたようにGHQ民政局が深く関与したが、提出された憲法案は国会で審議され大きく修正された条文もある。最終的に国会議員の圧倒的多数の賛成により可決されたもので、いわゆる「押し付け憲法」との批判は一面的。古関彰一『日本国憲法の誕生』（岩波学芸文庫）、鈴木昭典『日本国憲法を生んだ密室の九日間』（角川ソフィア文庫）などがお勧め。

世界的に著名なピアニストで、作曲家の山田耕筰などと交流があり、家族と来日して東京藝大で教えるなどしていました。ベアテは5歳から16歳まで日本で育ち、1939年8月、大学進学のために渡米しました。もともとはフランスのソルボンヌ大学に留学するつもりだったものの、フランスとイギリスがドイツとの戦争開始直前だったためアメリカの大学にしたそうです。ナチスの台頭により、ヨーロッパではユダヤ人迫害が危惧される状況でした。

ところがその後、日米の間でも戦争が始まってしまい、ベアテは日本に戻れなくなります。日本に住む両親からの送金も止まり、親子はお互いに生死も確認できない不安な時期を過ごしました。ベアテは大学を卒業した後、語学力を活かして『タイム』誌のリサーチャーとして働き、戦争が終わるとすぐ両親の消息を人づてに調べてもらったところ、軽井沢にいることが判明しました。そして日本に行ける仕事を探し、マッカーサーの占領計画のための人材募集に応募して採用され、GHQの民間人要員のひとりとして1945年12月24日に日本に赴任します。連絡もとれずにいた両親とも、ようやく再会できました。

そして46年2月4日、GHQ民政局は急遽、憲法草案を作成することとなり、ベアテもその作業にあたることとなりました。ベアテは人権に関する委員会のメンバーとして、男女平等に関する条文の起草を担当することになりました。リサーチャーとしての経験を活かし、都内の大学や図書館をまわって、アメリカ合衆国憲法、ドイツのワイマール憲法、フランス憲法、ソビエトの憲法、スカンジナビア諸国の憲法などの参考資料を集め、他の民政局員もこのような資料を読み込んで、草案を作成する作業を行いました。

5歳から16歳まで日本で育ったベアテは、留学したアメリカの大学で日本についての無知や偏見に基づく言葉を聞くと「私自身が侮辱を受けたような気持ちになった」「日本での10年間の滞在で、自分が半分以上日本人になっていることに気づいた」と述べているほど、日本を故郷と感じ愛着を覚えている人でした。サロンのようだった自宅での大人たちの会話や、仲良くしていたお手伝いの美代とのやりとりなどから、当時の日本の女性の置かれた立場をよく理解していました。彼女の自伝[★41]から引用してみましょう。

「私は各国の憲法を読みながら、日本の女性が幸せになるには何が大事かを考えた。

★41―ベアテ・シロタ・ゴードン『1945年のクリスマス――日本国憲法に「男女平等」を書いた女性の自伝』(朝日文庫)より。

赤ん坊を背負った女性、男性の後ろをうつむき加減に歩く女性、親の決めた相手と渋々お見合いをさせられる娘さんの姿が次々と浮かんで消えた。子供が生まれないというだけで離婚される日本女性。家庭の中では夫の財布を握っているけれど法律的には財産権もない日本女性。女子供とまとめて呼ばれ、子供と成人男子の中間でしかない女性。これをなんとかしなければならない」

「あそこの家では、お妾《めかけ》さんと奥さんが同居なさっているんですのよ」

「ある夫人は、夫がどこかで産ませた子供を、突然連れて帰ってきて養子にした（…）と語った」

ベアテの家に集まった大人たちの間では、東北の飢饉《ききん》のため身売りされてしまう娘たちのことも話題にあがっていました。まさに『虎に翼』で描かれた女性たちの姿そのものですよね。この文章と、『虎に翼』の主題歌「さよーならまたいつか!」のタイトルバックに流れる何人もの女性たちの姿が重なります。横暴な夫に耐えるしかなかった梅子や、貧困による身売りから逃げ出したよね。そういう女性たちをベアテは知っていました。

こうした日本女性への抑圧をリアルに知っていたからこそ、憲法に女性差別撤廃の条文を入れることで、女性たちを解放したいと考えたのですね。そんなビッグチャンスが22歳の自分にめぐってきたことを、ベアテは「これは凄いことになった！　今、私は人生のひとつの山場にきている」と感じて奮い立ったと述懐しています。

そして、彼女が起草した24条が草案に入ることになったのですが、当初ベアテが起草した条文には、もっと多くの権利が盛り込まれていました。「妊婦と乳児の保育にあたっている母親は、既婚、未婚を問わず国から守られる」「嫡出《ちゃくしゅつ》でない子供は法的に差別を受けない★42」などです。ベアテの草案は、ＧＨＱの中で「憲法に入れるには細かすぎる。原則を書いておくだけにとどめるべきだ」などとされて、かなりカットされました。

それでも、ＧＨＱから草案を見せられた日本政府の関係者は否定的で、「日本には、女性が男性と同じ権利を持つ土壌はない。日本女性には適さない条文が目立つ」と述べました。これに対しＧＨＱ側は「この条項は、この日本で育って、日本をよく知っているミス・シロタが、日本女性の立場や気持ちを考えながら、一心不乱に書いたものです。悪いことが書かれているはずはありません」と押し切り、国会審議

★42—
２０１３年9月4日、最高裁は、民法の非嫡出子（結婚していない父母の子）の相続分を嫡出子の2分の1とする民法の規定は憲法14条に反するとの違憲決定を下した。ベアテ草案にあった「嫡出でない子供は法的に差別を受けない」という規定が憲法に盛り込まれていれば、このような不平等な規定が作られることはなかった。ベアテは93年来日時の講演で、裁判当事者となっている参加者から「ベアテさんが書かれた『私生児は法的に差別を受けず』が憲法に書き込まれていたら、裁判をおこさずにすんだと思うと、とても残念です」との言葉を聞いている。

を経て憲法24条が誕生しました。

ベアテは回顧録で、「後で日本の女性たちが苦労することがないように」「日本女性に最高の幸せを贈りたかった」と述べています。日本に暮らす女性たちへのシスターフッドに根ざす、真剣な気持ちだったのでしょう。

こうしてベアテが奮闘していた１９４６年の２月から３月、三淵嘉子は３歳の子どもを抱え、出征した夫は音信不通で生死もわからず、毎日必死だった時期です。46年11月に新憲法が公布され、司法省嘱託として働き始めるのは47年６月からでした（年表参照）。

ドラマには、ベアテだとはっきりわかる人物は登場しないのですが、寅子が採用願を出すために司法省を訪れる場面（第45回）で、若い白人女性が立ち話をしているようすが背景に映っています。ドラマの制作陣がベアテの存在を知らないはずはないですから、これはベアテではないかと思います。実際、ベアテは47年5月３日の新憲法施行を見届け、同月にアメリカに戻っているので、３月にはまだＧＨＱ民政局にいました。三淵嘉子と面識はなかったようですが、お互い知らないまま、都心のどこかですれ違っていてもおかしくはありません。

西暦	元号	三淵嘉子の足跡	ドラマ内の出来事	ベアテの足跡
1914	大正3	11月 シンガポールで誕生		
1923	12			ウィーンで誕生
1929	昭和4			父母と来日（5歳）
1932	7	明治大学女子部法科入学	明律大学女子部法科入学	
1933	8	弁護士法改正（女性の資格取得が可能に）		
1935	106	帝人事件第一審無罪判決 明治大学法学部入学	明律大学法学部入学	
1937	12		寅子ら最初の高等試験受験	
1938	13	高等試験司法科合格（24歳）	寅子、高等試験合格	
1939	14			アメリカに留学（15歳）
1940	15	弁護士登録（26歳） 内藤がアメリカの家裁を視察	寅子、弁護士登録	
1941	16	和田芳夫と結婚	寅子と優三が結婚	日米開戦。父母と音信不通に
1943	18	長男が誕生。弁護士業は休業状態	優未が誕生	大学卒業
1944	19	明治専門学校助教授に	優三が出征	
1945	20	1月 和田芳夫が出征 3月 福島に疎開 8月 原爆投下、敗戦	3月 東京大空襲 直道の戦死の報 直明が疎開先から戻る。一家は経済苦	タイム誌リサーチャーにGHQ民政局に採用され来日 父母と再会
1946	21	5月 和田芳夫が長崎で戦病死 7月 臨時法制調査会（民法改正の審議開始） 明治女子専門学校教授に	優三が戦病死 多岐川、汐見らが満州から帰国 寅子、優三の戦病死を知る 直言が死去	2月4～12日 GHQ民政局にて憲法草案作成 3月4日 日本政府と民政局の会議に通訳として出席 3月6日 日本政府が憲法改正草案要綱として公表 11月 日本国憲法公布

1947	22	3月 司法省人事課に採用願を出す 4月「日本国憲法の施行に伴う民法の応急的措置に関する法律」 6月 司法省民事部民法調査室 12月 民法改正により家制度廃止、配偶者の相続権	桂場を訪ね採用願を出す 司法省民事部民法調査室に採用 ヤミ米を拒んだ花岡が餓死	5月3日 日本国憲法施行 5月 渡米
1948	23	1月 最高裁民事局配属 2月 司法省を廃止し法務省が設置 7月 改正少年法成立 最高裁家庭局付	少年審判所と家事審判所の対立 家裁設立準備室に配属	
1949	24	1月1日 家庭裁判所発足	はる死去	
1950	25	5月 アメリカ視察旅行 日本婦人法律家協会設立（副会長） 三淵忠彦、死去		
1951	26	穂積重遠、死去	アメリカ視察から帰国	
1952	27	名古屋地裁民事部判事に（初の女性判事）。息子と名古屋へ赴任	優未とともに新潟・三条へ赴任	渡米した市川房枝の通訳を務める
1953	28		寅子と航一が交際開始	
1954	29			ジャパン・ソサエティの仕事を開始
1955	30		よねが弁護士に	
1956	31	東京地裁判事。三淵乾太郎と再婚 原爆訴訟を担当。以後約8年におよぶ審理	航一と再婚（事実婚）	
1962	37	家裁少年部判事に		
1963	38	石田和外、最高裁長官就任 原爆訴訟判決		
1965	40			父が死去

1966	41			母の話し相手として日本から美代を呼び寄せる
1965	42		香淑が弁護士資格を取得	
1969	44	東大安田講堂事件、水俣病地裁提訴	桂場が最高裁長官就任	
1970	45	法制審議会少年法部会委員	少年法改正をめぐる議論 多岐川が死去	美代、帰国
1971	46		涼子が司法試験合格	
1972	47	新潟家庭裁判所長就任（初の女性裁判所長）		
1973	48	尊属殺重罰規定違憲訴訟で違憲判決	最高裁法廷でよねが弁論	
1979	54	退官		
1984	59	死去	寅子、死去	
1993	平成5			ドキュメンタリー「日本国憲法を生んだ密室の九日間」放映され話題に
1999	11	男女共同参画基本法施行		
2012	24			死去

参考文献

ベアテ・シロタ・ゴードン『1945年のクリスマス』（朝日文庫）
鈴木昭典『日本国憲法を生んだ密室の九日間』（角川ソフィア文庫）
清永聡『三淵嘉子と家庭裁判所』（日本評論社）
吉田恵里香『虎に翼　シナリオ集』（NHK出版）

家制度をめぐる論戦とシスターフッドのリレー

さて、このようにして新憲法に男女平等を定めた条文が書き込まれたわけですが、その後の民法改正の経緯について、不勉強にして私は十分認識していませんでした。「憲法24条ができたことで民法の家制度は廃止されることとなった」というのは事実ですが、ちょっと省略しすぎで、そこに至るまでに、さらに当時の人々の奮闘があったことが『虎に翼』に描かれていました（第47～50回）。

司法省の民法調査室で改正作業にあたっていた寅子が、いろいろな団体から民法改正についての意見書を受け取るなかで、「自立する女性の会」という団体の会合に参加して女性たちの意見を聞く場面がありました（第48回）。この会は実在した「家族法民主化期成同盟会」をモデルにしているようです。『虎に翼』の法律考証にあたった明治大学教授の村上一博さんによると、「村岡花子さんのほか、労働省の初代婦人少年局長となった山川菊栄さん、小説家の平林たい子さんなど、全員女性で構成されていた『家族法民主化期成同盟会』がまとめた意見書は、当時からすると、ずいぶん大胆なものだったんですよ。今の民法と比べて遜色《そんしょく》ないほどに。もちろん、家制度は全面廃止です。そして、その意見書の末尾には、司法事務官として三淵さんの署名（当時は「和田嘉子」さん）も——。三淵さんが、改正草案の作成にどこまで関与していたのかはわかりませんが、少なくとも共感していたことは間違いないでしょう」とのこと。★43

ドラマの民法改正審議会★44の場面をご記憶でしょうか。寅子の恩師である穂高先生も委員として再会を果たしますが、他に神保教授という髭の法学者も参加していましたよね。会議の前に桂場たちのところを訪れ、民法改正案について「君たちは、我が国の家族観を、いや日本を破滅させる気かな？」なんて言ったりした人です（第48回）。実際にもあのような保守的な立場の委員はいました。

新憲法ができたからといって、当時の状況では、それだけでは家制度の廃止がかならずしも当然ではなかったのです。私は正直この経緯をあまりわかっていなかったのですが、『虎に翼』をきっかけに民法改正をめぐる議論を調べてみたところ、たいへん興味深いものでした。

当時の国会でも、保守派の議員からさまざまな抵抗がありました。たとえば

★43——朝ドラ見るる「『虎に翼』の『はて？』を解決！『明治民法の改正には寅子同様、三淵嘉子さんもかかわっていたの？』」ステラnet https://steranet.jp/articles/-/3203

★44——**民法改正審議会** 実際の名称は司法法制審議会。

１９４６年６月26日の衆院本会議での質疑です。

議員「家制度の廃止がすなわち、天皇を頂点とする国体全体の否定になるのではないか」

吉田茂首相「戸主権、家族、相続等の否認はいたしませぬ」「日本の家督相続等は、日本固有の一種の良風美俗であります[★45]」

こんなふうに、政府が保守派を、まあまあ、家督相続は日本固有のいい制度だってことくらいはわかってますから……民法をどうするかはこれからの議論で……と、とりなしているような雰囲気です。その後の民法改正の審議会では、どうしても家制度を残したい人と反対する人との論争があったのです。

『戦後における民法改正の経過』[★46]は、法学者の我妻栄[★47]ら、戦後の民法改正の立案にかかわったメンバーが、法務省に残っている資料と各自の資料、手記を頼りに、記憶を呼び起こしながら立案の経緯を座談会の形式でまとめた本です。この座談会の目次を見るだけでも、家制度を存置したい人たちが粘りに粘り、廃止すべきだと

★45—「日本国憲法制定時の会議録（衆議院）本会議 昭和21年６月26日（第６号）」衆議院憲法審査会ウェブサイトより。仮名遣いを現代式に改めた。https://www.shugiin.go.jp/internet/itdb_kenpou.nsf/html/kenpou/s210626-h06.htm

★46—我妻栄『戦後における民法改正の経過』（日本評論新社）１９５６年初版。

★47—**我妻栄** 「我妻民法」で知られる法学者。臨時法制調査会委員も務めた。

考えていた我妻らがそれにうんざりしていた感じがうかがえます。

「第一小委員会第二回——家族制度論議前哨戦」

「司法法制審議会第二回総会

(イ)第一日——家族制度論戦の対峙

(ロ)第二日——家族制度存置修正案の審議」

「臨時法制調査会第二回総会——家族制度論者の追撃」

「司法法制審議会第三回総会——家族制度復活の企て」

「臨時法制調査会第三回総会

(イ)家族制度論議白熱戦

(ロ)家族制度維持修正案の提出」

また、横田正俊★48は以下のように述べています。

(1946年8月14日の司法法制審議会第二回総会について)

★48——**横田正俊**
判事として司法法制審議会幹事を務めた。のちに最高裁判所判事(1966~1969年)。

「久布白委員が家の廃止について何か代案がないかといわれたのをきっかけにして、はなはだ激しい意見の開陳がありました。牧野英一先生、田多井弁護士、豊原弁護士、原夫次郎氏、田中伊三次弁護士、長谷川太一郎弁護士、毛受信雄弁護士という面々がこもごも立って、家の廃止について大体反対の議論をされた。田多井弁護士などは道義上絶対に家の廃止は認められないといっておられました。原夫次郎氏と長谷川弁護士は結局憲法22条〔引用者注・成立時には憲法24条〕からは家の廃止ということは出てこないではないか、ことに前の議会において、あるいは議会の委員会において、政府の意見として述べられているところでは、必ずしも、家を廃止する必要はないといっている」（同書50頁）

このような家制度維持論者と廃止論者の実際にあった論争を念頭においたものでしょうが、ドラマの中ではこんなやりとりがありました（第49回）。

神保教授「なぜ今の家族の在り方を否定する必要があるのか、我が国の文化を否定する必要があるのか……ＧＨＱには、家族制度廃止を撤回させるべきでしょう」

穂高教授「……神保先生。それではGHQが、いや国民が納得しません。憲法で、日本国民の平等をうたうならば家制度も撤廃するしかないでしょう」

神保教授「想像してごらんなさい。もし息子が結婚して妻の名字を名乗るなんてことになれば……子供たちはご先祖、親との血の結束、家族の結束を感じることができますかな」

穂高教授「男性に権利が集中している家制度が、均整がとれているとは、私は思いませんがな」

神保教授「穂高先生はご婦人びいきだから困る」

このように両教授の激論が交わされますが、その当時の寅ちゃんはまだ「スンッ」[★49]としているんですね。この前の場面で、神保教授から「君もそう思うだろう?」と訊かれても、はっきり言えなくて口ごもってしまう。それを見た桂場やライアン[★50](久藤頼安)も、おやっ? 期待外れだな、という雰囲気の反応をします。でも、その後の審議会の場面で、最後に手を挙げて寅ちゃんはこのように発言します。

★49―スンッ
「はて?」と並ぶ『虎に翼』のキーワード。女性(時に男性も)が立場を「わきまえ」て自分の主張を押し隠し、従順に振る舞う態度を表したもの。

★50―ライアン
久藤頼安(演=沢村一樹)。初代の最高裁秘書課長として民法改正や家庭裁判所設立に寅子をかかわらせる。戦前に長期間アメリカを視察した経験もあるリベラリスト。「タッキー」「サディ」など、同僚や部下に洋風の愛称をつけたがる。戦前は子爵であだ名は「殿様判事」。モデルとなったのは内藤頼博。

「以前の民法でいう『家という庇護の傘の下において守られてきた』部分も確かにあるのだと思います」

「しかし、今も昔もずっと思っております。個人としての尊厳を失うことで守られても、あけすけに申せば大きなお世話であると」

ここで「個人としての尊厳」という言葉が述べられた意味はとても大きいです。「個人の尊厳」は、憲法24条に書き込まれた言葉です。

> 第24条　配偶者の選択、財産権、相続、住居の選定、離婚並びに婚姻及び家族に関するその他の事項に関しては、法律は、個人の尊厳と両性の本質的平等に立脚して、制定されなければならない。

寅ちゃんの言葉には、誰かが誰かを一家の長として「守ってあげる（そのかわり従え）」ではなく、対等に個人の尊厳が尊重される場であってこそ、家族というのは大切なのだということが表されています。明治憲法時代のような「国家のための個人」「家族のための個人」ではなく、「個人のための国家」「個人のための家族」という方向性を指し示す日本国憲法のエッセンスが、この言葉には詰まっていると思います。

民法改正審議会における、この寅子の発言はドラマの創作でしょう。でも現実に、家庭内にも性差別があってはならないとたたかった人たちがいたのは史実でした。臨時法制調査会の委員名簿の内訳をみると、「官庁関係」「学会」「新聞界」などと並んで「婦人界　3人」とあります。[★51] 久布白落実、村岡花子、河崎なつの3名です。

この女性たちがどれだけの使命感で、どれだけの必死さでこの場にいたかを想像すると泣けてしまいます。法律上、二級市民と位置づけられ、選挙権も被選挙権もなかった時代に奮戦して、政府の法制調査会の委員にまでくいこんだ女性たちです。自分では声をあげられない状況の、多くの女性たちの存在を背負う気持ちだったことでしょう。この委員たちが、現実の女性の生活を踏まえ、女性たちを代弁して、家制度を廃止すべきだと強く主張しました（引用は我妻『戦後における民法改正の経過』より）。

★51―
「臨時法制調査會運營經過概況」国立国会図書館「日本国憲法の誕生」収録資料　https://www.ndl.go.jp/constitution/shiryo/05/002_13a/002_13atx.html#t001

村岡花子「私殆《ほとん》ど全国に参りますから若い人達と話を致しますし、家庭婦人とも、農村の人とも、都会の人とも話をしますけれども、婦人の全体の声を聴きますと、戸主権というものを中心にして、戸主が総ての権利をもって婦人を圧迫している、こういう法律上の家族制度がなくなるということは、なんという嬉しいことだろうかといっております」（２９５頁）

河崎なつ「私共は今まで沢山の身上相談を受け、私は七万通も手紙を受け取ったものでございますが、その中で九割は女で、一割が男でございます。その女の人がぶつかってきます問題は、家族制度からくる女の生活のやりようのない悲惨な暮らしばかりで、経済生活ばかりでなくして、家族生活に於いても本当に生き甲斐のないような生活につきまして、色々下らないこともいってきますが、皆家族制度から由来することであります」

「殊に女の人は男の方が決して御経験なさらなかったような長年の苦労がございますから、女の人に致しますと本当に喜びなんですが、この喜びを男の方もお聴きになってよいのじゃないかと思うのでございます」（２９６頁）

他の女性たちのために、この場を持ち得た自分たちには声をあげる責任があると、切実な気持ちだったのではないでしょうか。この女性委員の発言について、我妻栄は「村岡・河崎、二人の婦人委員が非常に重要な発言をされたことは特筆しなければならないことだと思います」と述べています（83頁）。

同じようにベアテは、よねのような身売りされる農家の娘や、梅子のような夫の横暴に耐え忍ばざるを得ない妻たちを知っていました。そして、自分が得たポジションを最大限使おうと、憲法に女性の権利を書き込みました。それでも家制度の廃止は当然ではなかったわけですが、24条の条文も梃子《てこ》にしながら法制調査会で奮闘した女性たちがおり、我妻のように同じ志の男性もいました。こうしたシスターフッドのリレーによって、家制度の廃止が実現したのだと思います。

「個人として尊重」される権利と同性婚訴訟

憲法の中で「個人」という言葉が出てくるのは24条と13条です。

第13条　すべて国民は、個人として尊重される。生命、自由及び幸福追求に対する国民の権利については、公共の福祉に反しない限り、立法その他の国政の上で、最大の尊重を必要とする。

この幸福追求権とは「個人一人ひとりがそれぞれの幸せを追い求める権利」であって、国が「幸福とはこういうこと」と決めてそれを保障するという発想ではないんですね。その人にとって何が幸せかは、人によって違うからです。それぞれが自分の幸せを追い求める権利を国は邪魔しないし、それぞれの幸福を追求できる環境を作ります、という宣言なのです。

たとえば結婚が幸せかどうかは人によって違います。結婚しないことによって不利益を被《こうむ》ることがない政治をしなくてはいけませんし、結婚して法的な家族関係となりたいのに、法律のせいでそれが妨げられていたら、憲法13条に反する可能性があります。

同性どうしの婚姻が認められていないのは、まさに13条違反が問われる問題で、

2024年12月13日福岡高裁は、同性婚を認めないのは「同性の者を伴侶として選択する者の幸福追求権、すなわち婚姻の成立及び維持について法制度による保護を受ける権利に対する侵害」だとし、憲法13条違反であるとの判断を示しました。同性婚を認めない法律が憲法違反であるという高裁判決はこれで3例目ですが、13条違反を理由とするのはこれが初めてです（14条、24条にも反するとされています）。

「婚姻をするかどうか、誰を婚姻の相手として選ぶかについては、両当事者の自由かつ平等な意思決定に委ねられており、その意味で、婚姻についての個人の尊厳が保障されている」「憲法は、婚姻について個人の自由を保障するだけにとどまらず、婚姻の成立・維持について法制度による保護を受ける権利をも認めており、これは、憲法13条が認める幸福追求権のひとつである」という福岡高裁の判決文を読むと、轟と遠藤のカップルのことを想起してしまいますね。

「あげた声は決して消えない」――「不断の努力」の大切さ

このドラマは、おかしいと思うことに声をあげることの大事さを繰り返し描いていました。もっとも象徴的だった寅ちゃんの台詞です（第68回）。

「『おかしい』と声をあげた人の声は決して消えない。その声が、いつか誰かの力になる日が、きっとくる……私の声だって、みんなの声だって決して消えないんだわ」

「何度落ち込んで腹が立ったって、私も声をあげる役目を果たし続けなきゃね」

この言葉は、寅ちゃんが家族に対し、尊属殺の違憲性をめぐって最高裁は合憲判決を出したものの、15人の判事のうち穂高先生を含む２人は違憲だという少数意見だったことを説明する場で語られたものでした。たった２人の反対では意味がないのではないかと甥から訊かれた寅子がこの言葉を述べました。この言葉が予言したかのように、23年後の１９７３年、ドラマのフィナーレというべき場面で、よねと轟が違憲判決を勝ち取ることになります。

この台詞は、明示されてはいませんが、憲法12条の条文を強く意識していると思います。

第12条　この憲法が国民に保障する自由及び権利は、国民の不断の努力によつて、これを保持しなければならない。又、国民は、これを濫用してはならないのであつて、常に公共の福祉のためにこれを利用する責任を負ふ。

「不断の努力」という言葉は、ドラマの最終回（第１３０回）で出てきました。甘味処「竹もと」改め「笹竹」で、最高裁長官になった桂場と同席した寅ちゃんが、法とは何かという話をしているなかで「生い立ちや信念や恰好、男か女か、それ以外か、誰を愛するか愛さないか……そういうものに左右されず、全ての人が快適でいられる船にするように、法を司る者として、不断の努力を続けていきます」と言います。

「不断の」、つまり、少しずつでも絶え間なく日常的に行い続ける努力こそが大切なんですよね。憲法には、人が人であるというだけで保障されるべき、さまざまな人権が書き込まれています。差別されない権利（14条）、教育を受ける権利（26条）、健康で文化的な最低限度の生活を営む権利（25条）などなど。でもそれらの権利は、放っておいても誰かが当然に侵害から守ってくれて、十分に保障されるというものではないのです。

私はなんとなく筋トレを想起します。筋肉に負荷を与えることは面倒だし、疲れてしまいますが、使わないと筋肉はどんどん衰えていきますよね。憲法上の人権とされるものも、放ったらかして放置していると、気づくとじわじわと何かに侵食されて小さくなってしまいます。それに抗い続けることが、人間らしく生きることだと思います。自分の人権を守るためには行使し続けること。他の誰かの人権が守られない社会は、結局、自分を含め誰の人権も守られない社会なのだから、他の人のためにもやっぱり憲法上の人権を行使すること。そういうことをさぼってはいけないんですよね、面倒ですけれども。

筋トレのように日々日々権利を行使して、社会にある理不尽にアンテナを張って、自分の持ち場でできることを、小さくていいから何かやり続ける。そうやって憲法上の権利を行使し続けることで、憲法にいのちが吹き込まれる。憲法を使いこなす力を、主権者である私たちが鍛え続けることが大事です。

今後の日本は、いまよりどんどん縮んで貧しくなっていきそうです。閉塞感が強く、しんどい気持ちの人も多いと思うのですが、たとえば表現の自由（21条）を行使して、おかしなことには「はて？」と違和感を表明する。選挙権（15条）を行使して真剣な投票行動をする。働く人としての権利を守るためにたたかう（27条）。誰かの生存権（25条）が脅かされることは許さないと抗議する。よりよい社会にするために必要な学びのための権利を行使する（23条、26条）。

こういうことに、希望をつないでいくことができると思います。

［寄稿］「はて？」の想いをつなぐ場に

三淵邸甘柑荘保存会　上谷玲子

「三淵邸・甘柑荘」は、私の曾祖父である三淵忠彦（ドラマでは星朋彦）が1936年頃、小田原市箱根板橋に別荘として建てた数寄屋風建物です。忠彦は、東京大空襲で渋谷の自宅を失った後、長官公邸完成までの晩年をこの邸宅で過ごしました。彼の希望で「玄関、床の間、一切の装飾のない家」として設計された建物は、招き屋根、竹漆喰落とし天井、白樺の柱など、数寄の意匠が細やかに施されています。

2020年、庭に植えられた柑橘類にちなみ、「甘」の文字を冠して「甘柑荘《かんかんそう》」と命名し保存会を発足。茶会や「おだわら雛の道中」などのイベントを通じ不定期に活用を始めました。NHK連続テレビ小説『虎に翼』の放送を契機に、小田原市役所の「令和5年度小田原市民間提案制度（フリー型）」に採択され、2024年

4月から週2回、定期公開しています。

三淵嘉子（旧姓・和田）が初めてこの家を訪れたのは1950年、忠彦の弔問のためでした。その後1956年、嘉子は忠彦の長男・乾太郎（ドラマでは航一）と再婚。転勤の多い生活のなか、小田原の家は家族の絆を深める場となりました。ドラマとは異なり、実際には忠彦の妻・静《せい》（ドラマでは百合）は1970年に亡くなるまで小田原の家で暮らしたため、家族団らんの写真が数多く残されています。

「『すべて国民は、法の下に平等であって、人種、信条、性別、社会的身分又は門地により、政治的、経済的又は社会的関係において、差別されない』――半年に及ぶドラマは憲法14条1項の全文朗読から始まりました。これは作品全体のテーマでもあり、私たちスタッフの『覚悟』でもあります」

ドラマの取材担当も務めたNHK解説委員の清永聡氏が、放映開始の2024年4月1日にFacebookに投稿したコメン

三淵嘉子と乾太郎　　©三淵邸・甘柑荘保存会

トです。痺れました。この後のドラマの素晴らしさは、皆さまご存知の通りです。出征前の優三さんが寅ちゃんに語るシーン（憲法13条そのもの！）をはじめ、ドラマ史に残る名場面の数々に心を揺さぶられる日々のなかで、もっとちゃんと「憲法」について学び直したいという思いが強くなりました。

小田原市からは、公開事業の一環として男女共同参画課とともにワークショップを行うという条件がありましたので、これはもう「憲法」そのものをテーマにしよう！といろいろ調べていたなかで、太田啓子先生のFacebookで『虎に翼』に関する熱い投稿を発見。ジェンダー平等に関する著書や憲法カフェのご活動を拝見し、その豊富な知識と経験に感銘を受け、「もうこの人しかない！」と恐る恐るホームページの窓口にメールを差し上げたところ、ご快諾いただいた！というのが、このブックトーク実現に至った経緯です。

本当は甘柑荘を会場にしたかったのですが、クーラーも椅子もない建物では、酷暑の中で2時間弱の開催は難しいと判断し、小田原市の老舗書店「積善堂 平井書店」に会場提供のご協力をいただきました。

当日は老若男女さまざまなお客様が来てくださり、ドラマの放送が終わった翌日ということもあり、質疑応答を含め大いに盛り上がりました。私はといえば、ドラマの話になるとすぐ感動して泣きそうになり（これは太田先生との事前打ち合わせでもそうだったのですが）、うまく司会を回すことができず、お恥ずかしい限り。

それにしても凄いドラマだったなぁ、としみじみ思います。そして、なぜこれほどまでに私たちを惹きつけたのかを考える日々です。「はて？」

それは、私たちが無意識のうちに受け入れてきた不平等な社会の構造そのものに対する「怒り」なのではないでしょうか。ドラマでは描かれていませんが、三淵嘉子さんは横浜家裁を定年退官した後、男女雇用機会均等法の基本的方向を定めた男女平等専門家会議の座長を務めました。「男女に能力の差はなく、あるのは個人差だけ」――それは、彼女が生涯を通じて貫いた信念です。嘉子さんら先人たちが切り拓いてくれた道を、無自覚に享受していた自分を深く反省するとともに、あれから100年、変わらぬ現状に「はて？」と声をあげていこうと思います。

ブックトーク開催にあたりご協力いただいた太田啓子先生、平井書店の平井義人様、小田原市市民部人権・男女共同参画課女性活躍推進員の若林里恵様、そしてご来場くださったすべての皆さまにあらためて感謝申し上げます。ありがとうございました。

高等試験に受かったときの寅ちゃんの台詞ではないですが、「生い立ちや信念や恰好で切り捨てられたりしない、男か女かでふるいにかけられない社会」の実現に向け、寅ちゃん、そして嘉子さんの想いを甘柑荘で繋いでゆこうと思います。

「みんなでしませんか？　しましょうよ！」

三淵邸・甘柑荘

神奈川県小田原市板橋822
毎週金曜・日曜 11時～14時公開　詳細はホームページ www.kankan-sou.com

第2部

男性たちの群像

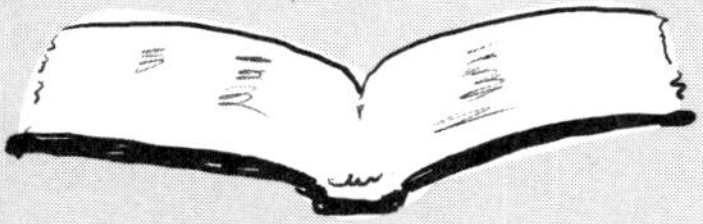

1　花岡と轟──「感情の言語化」とホモソーシャルの克服

第2部では、『虎に翼』に登場した男性キャラクターたちの描かれ方から、オルタナティブな男性性について考えてみたいと思います。

まず取り上げたいのは、明律大学で寅子たちとともに学んだ男子学生の花岡[★52]と轟です。彼らの登場は第4週、寅子とその同期生たちが明律大学女子部を卒業して、男女共学の法科に進学したところからです。

花岡の建前と隠された本音

当初、花岡はとても紳士的な振る舞いで、「本当に尊敬しているんだ、あなたたちのこと」「だってあなた方はいわば開拓者……法曹界を、いや男女平等の世を切り開いている」などと言うんですね。男子学生たちにどう迎えられるか、意地悪い態度をとられるのではないかと緊張していた寅子たちは、花岡の言葉に嬉しくなっ

★52―花岡
花岡悟（演＝岩田剛典）。寅子の同級生の中でも最も早く高等試験に合格し判事となる。戦後の食糧難のもとで食管法を担当し、ヤミ米を食べることを拒否して餓死という非業の死を遂げる。

てポーッと浮き立ちます（第16回）。

ただ寅子は、「あなたたちを尊敬している」という花岡の言葉に嬉しくなりながらも、初対面のときからなんとなく、花岡が〝尊敬するごく一部の女性〟と〝その他大勢の女性〟という分け方をしているのではないか……とモヤッとする表情も見せます。こういうことを感じさせる伊藤沙莉さんの演技力って、本当にすごいですよね。

そして、だんだん花岡の女性差別的な言動が露わに。たとえば、彼はとてもモテる学生でカフェの女給から何度もラブレターをもらったりするのですが、そうした女性に対する態度がとても邪険だったりします。

花岡の欺瞞《ぎまん》が完全に露呈したのがハイキングのエピソードでした。ハイキングの当日、待ち合わせ場所に先に集まった男子学生たちが会話しているのを寅子と香淑はこっそり物陰で耳にします（第17回）。稲垣[★53]や小橋ら男子学生たちが花岡に向かって「今週何通目だよ、恋文貰うの」「さすが女の扱いに長けてる奴は違うなぁ」と、うらやましそうに盛り上がり、花岡がさらに「女ってのは優しくするとつけあがるんだ、立場をわきまえさせないと」と言うのに寅子と香淑は衝撃を受けます。

★53—稲垣や小橋
稲垣雄二（演＝松川尚瑠輝）と小橋浩之（演＝名村辰）。寅子の同級生で、学生時代は女子部学生の法廷劇にヤジを飛ばすなど、かならずしも友好的ではなかった。のちに裁判官となり家庭裁判所設立準備室に配属され、寅子とともに家裁の立ち上げに取り組むことに。

このときの花岡の態度は、羨望を集めていることを内心では得意がりつつ、大したことではないというように、さりげなく装いながら優越感を覚えている……というものだったと思います。寅子たちのいる場では「あなた方を尊敬する」と言いながら、男だけの集団になると女性を尊重しない発言をするという、化けの皮が剝がれ始めた場面ですね。ちなみに、この場面の脚本にはト書きで（うぇ～いみたいに盛り上がる）とあります。いかにもホモソーシャルなノリで、いわば男性だけの空間でのロッカールームトークです。

「ホモソーシャル」とは、女性を排除した男性どうしの絆のことですが、ジェンダー研究者の川口遼さんによれば、「女性はあくまで男性同士の関係性を構築するための『ネタ』であって、その関係性からは排除されてしまう」★54と指摘しています。

また、『虎に翼』のジェンダー・ＬＧＢＴＱに関する考証を担当した前川直哉さん（福島大学准教授）は、ホモソーシャルについてこう説明しています。

「そもそもホモソーシャルとは「女性蔑視（ミソジニー）」と同性愛嫌悪（ホモフォビア）をベースにした男性同士の強固な結びつき、および男たちによる社会の占有」ですが、「ホモソーシャルの一番ダメなところって、女性を『女』という記号

★54――
川口遼「『ホモソーシャル』って最近よく聞くけど、結局どういう意味ですか…？　その危うさと可能性」現代ビジネス
https://gendai.media/articles/-/83547

や集合でしか見ていないところなんですよ。女性が自分と同じように社会を担う一員であり、同じように物事を考え、同じようにさまざまなことを感じながら生きている存在だとは見ていない」[55]。

花岡の態度は、自分に好意を寄せる女性たちには邪険で冷たい対応をとり、それをあえて男友達に誇示するものでした。むしろ、〝男友達に誇示するため〟あえて女性に邪険にするという行動だったと思います。〝女性にこういうことをできる自分〟を男友達に見せびらかすために。これは、〝女性にモテることは男の勲章〟といった価値観を共有する者どうしでのみ成り立つマウントであり、まさに女性を「男性同士の関係性を構築するための『ネタ』」扱いするホモソーシャルな感覚です。

このような価値観は、いまの世の中にも根強く、性別問わず非常によくない呪いであると私は思っています。この価値観がはっきりと表れている男子学生たちのやりとりが以下です。

ハイキングで小橋と稲垣が、梅子の夫である大庭徹男弁護士について、その息子光三郎[56]に「君のお父上は立派だよ。仕事もできて家庭も支えて、そのうえ、大層ご婦人におもてになる」「妾を囲ってな」と、ニヤニヤしながら話しているのをとが

★55――清田隆之『よかれと思ってやったのに――男たちの「失敗学」入門』(晶文社)収録の対談より。

★56――光三郎
大庭光三郎(演=石塚陸翔、本田響矢)。梅子の三男。モラハラ気質で横暴な父親の影響を受けた兄たちのようにならないよう、梅子が心を砕いて育て、優しく母思いに育った(はずだった)。のちに遺産相続をめぐる対立の中では、意外な形で母を裏切ることになる。

めて、寅ちゃんが「そんな話、子供に聞かせないで‼」と言った後の場面です（第18回）。

花岡　「もうやめとけよ」
稲垣　「花岡も言ってやれよ」
花岡　「え」
稲垣　「ご婦人に好かれることも男の格をあげる為に必要ってことだよな？」
花岡　「……まぁ、そういうことで自己の価値を測る側面もあるとは思うが」
寅子　「はて⁇」
花岡　「家庭ごとに状況も違う。少なくとも大庭先生はきちんとご家族を養ってらっしゃるのは事実で」
寅子　「え？　養っているから、なんですか？」
花岡　「……毎日社会の荒波に揉まれて、父として夫としての役目を果たしていたら。外で少しくらい息抜きをした方が結果、家庭円満になることもある」
寅子　「家庭円満と思っているのは夫のほうだけ。夫の女遊びを知って幸せを感じる妻はいません」

花岡「いいや。自身の生活と天秤にかけて納得するはずだ」

寅子「生活を盾に渋々納得させられているだけです」

花岡「家のことをほったらかしで、大学に通わせてもらっていることが、渋々納得なのか」

梅子「!」

寅子「私たちの学びと女遊びを同列に並べないで!」

女性にモテることを〝男の格を上げる〟もののように捉える感覚は、いわば、女性を道具のようにみなすものであって、対等で尊重しあえる関係性とは対極にあります。生活費を稼いでいるほうが偉いんだから、養ってもらっている側は浮気くらい大目にみるべきだ、という都合のいい考え方も、こういう自己中心的なことを言う男性には、いまでも離婚事件でけっこう出会うものです。

花岡は、ついには「君たちは、どこまで特別扱いを望むんだ」「男と同様に勉学に励む君たちを、僕たちは最大限敬い、尊重している。特別だと認めているだろ!」

と苛立った口調でぶちまけてしまいます。〝女性を差別しない〟とは、〝男並みにやろうとするなら認めてあげる〟ということではないはずですよね。でも、自分の中にあるそういう傲慢さを堂々と明らかにしてしまう。寅子は「私達は特別扱いされたいんじゃない！」と怒り、そうした言い合いの末に、足を滑らせた花岡は崖から落ちて怪我をしてしまいます。

「思ってもないことを宣《のたま》うな」

そして、花岡が入院したところに轟が会いに行く第19回、ここも忘れられない名場面でした。もともと郷里の佐賀で幼なじみだった轟が退院を手伝いに来たのですが、花岡はふてくされていて、「猪爪寅子を訴えるか」などと言います。すると轟は、「愚か者！」と一喝して花岡の頬をはたき、「思ってもないことを宣《のたま》うな」「ここには俺しかいない……虚勢を張ってどうする」と真剣に話しかけます。

花岡の中には、生意気な女に男の面子を潰されて腹立たしいとか、寅子たちを「特別扱いしてあげた」のに、それを感謝されるどころか反発されて心外だとか、モヤモヤした感情が渦巻いていたんですよね。この負の感情の根底には、本当は花岡の自信のなさや弱さのようなものがあり、でもそこから目をそらすための言葉を述べてしまっているから、自分自身の感情を把握できていない。轟はそれを見抜いて「思ってもないこと」「虚勢」と言い当てました。虚勢を張り続けていると、自分でも自分の本心に気づけないことがあるということを端的に示した言葉です。

花岡は、轟が何に怒っているのかわからないようすで当初は戸惑った表情でしたが、轟はさらに「上京してからのお前、日に日に男っぷりがさがっていくばかりだ。俺は非常に悲しぃ！」と畳みかけます。本当はお前はそんな奴じゃないだろう、自分の情けなさから目をそらすな……という、心から花岡を大事に思うがゆえの叱咤《しった》だと思います。

花岡のモテっぷりや、恋文を渡してくる女性への冷淡な態度は、他の男子学生からは〝男としてうらやましい～さすが～〟という感じで見られていましたが、轟はそのことを逆に「男っぷりがさがっている」と表現しているのもいいですね。ホモソーシャルなノリの中で評価されるような行動でも、轟から見るとそれは本当の「男らしさ」じゃないと言っているんですね。

そして「俺は」「非常に悲しい」。自分が主語で、感情を表したことがポイントだと思います。お前はダメだとか、これが間違っているというような評価ではなくて、轟自身の感情ですよね。またこの場面で轟は、当初、男と女はわかりあえないとか、男と同じ場で女が学ぶなんてあり得ないと思っていたのに、その考えを改めたと率直に話しています。ある意味、自分が間違っていたと率直に認めるような流れでした。信頼がある関係性の中で、かっこつけることなく、本音で深いところの感情を轟が開示したことが、その後の場面でわかるように、花岡にも響いて、虚勢から降りることを導くことになりました。

退院した花岡は、梅子に謝罪した上で、自分の気持ちを語りだします。帝大に入って父の跡を継ぎ、立派な弁護士になるつもりだったのに、帝大に入れなかった。そして「カフェでチヤホヤされたくらいで調子に乗って浮かれたり、仲間に舐められたくなくてワザと女性をぞんざいに扱ったり帝大生に引け目を感じたり」と、自分の行動の底にあった心理を言葉にします。とても言葉にしづらい、認めるのは恥ずかしく勇気がいる心境の言語化ですよね。

ホモソーシャルな社会に適応しようとしてとってしまった態度を認めて、自分の負の感情を言語化して開示し、傷つけた相手に謝る。自分の行動の過《あやま》ちを正面から認めて、アップデートしていこうとする男性にとってのひとつのロールモデル、〝たとえばこういう風にやればいいんじゃないでしょうか？〟という提示として、ここでの花岡の変化が描かれているように思いました。

さらに、「みなさんを尊敬しているのに、無駄に格好つけたり、将来の数少ない椅子を奪われるようで妬《ねた》ましくて恐ろしく思ってしまったり」と、寅子たちに対する矛盾した感情も正直に告白します。弱くてみっともない自分を直視して言語化していくというのは、なかなかできないことであると同時に、とても大事なことです。こういう言語化の繰り返しによってこそ、ホモソーシャルな感覚をアンインストールしていけるのだと思います。

「将来の数少ない椅子を奪われるようで」なんて、実際には当時の男子学生は思っていなかったでしょうね（ドラマだから全然いいのですが）。当時の男子学生にとって女子学生は、自分の椅子を脅かすような対等なライバルという存在にさえ見えていなかったのでは。むしろこれは、現在の社会でみられるバックラッシュ★57的な数々の言動の背景にある本音を見透かした台詞だと思いました。

★57—バックラッシュ
人権課題が解決に向かおうとする過程で起きる反発・反動、揺り戻しの動きをさす。性差別解消やLGBTQの権利保障が進むと、それを押し戻そうとアンチフェミニズム的な動きも活発になる。その本質を見極め、押し返しながら差別解消へ進む力を多くの市民が持つことが必要。

轟の変容

感情の言語化を通じて変わっていったのは、轟も同様でした。学生時代の轟は、当初はバンカラで「男と女が分かりあえるはずがない」「人類の歴史をみればわかる。男が前に立ち国を築き、女は家庭を守る」などと言っていました。その後、轟は寅子たち女子学生の人柄に触れ、「俺はな、自分でも信じられないが、あの人たちが好きになってしまった……あの人たちは漢《おとこ》だ」と花岡に言います。そして「俺が、漢の美徳と思っていた強さ優しさをあの人たちは持っている。俺が漢らしさと思っていたものは、そもそも漢とは無縁のものだったのかもしれんな」(第19回)と続けます。轟、あんなに露骨に男尊女卑っぽかったのに！　偏見や思い込みにとらわれていても、自分の誤りを認められる強さがあれば、人と人との直接のコミュニケーションの中で、それまでの認識が誤っていたと気づくことができるということですよね。

轟は弁護士になった後、出征しますが、終戦後復員したところで、ヤミ米を拒否して餓死した裁判官として話題になっていた花岡の訃報を新聞で知ってショックを受けます。上野の路上で飲酒し寝込んでいたところ偶然よねと再会し、よねが暮らすカフェ「燈台」の跡地にやってきます（第51回）。よねが花岡の死に触れ「……残念だったな、花岡」と話しかけると、轟は強がった態度で「仕方あるまい、それがあいつの選んだ道ならば」と言いますが、よねの言葉で、抑えていた感情が溢れてきます。

よね「……惚れてたんだろ、花岡に」
轟「!?!?」
よね「惚れた腫れたはカフェーで死ぬほど見てきたからな……よく分からんが、こういうもんは自分の意志に関係なく沸いちまうもんなんだろうしな」
轟「……お前、何を馬鹿な（ことを）」
よね「は？　馬鹿なことじゃないだろ」
轟「!」
よね「別に白黒つけさせたい訳でも白状させたいわけでもない。腹が立ったなら謝る……ただあたしの前では強がる意味がない、そう言いたかっただけだ」

このよねの言葉で轟の感情が溢れだし、自分の花岡への感情がどういうものかわからないとしつつ、「もしアイツがいなかったら、俺は弁護士を目指していなかった」「あの戦争のさなか、アイツが判事になって兵隊に取られずに済むと思うと嬉しかった……アイツのいる日本へ生きて帰ろうと思えた……それなのに」。

轟が花岡に伝えた「ここには俺しかいない……虚勢を張ってどうする」と、よねが轟に伝えた「あたしの前では強がる意味がない」は似ていますね。自分の感情から目をそらすための強がりや虚勢、そういうことを続けていると、自分自身の感情の解像度が低くなってしまいます。それをやめるには、本当の気持ちを言葉にしても大丈夫だという安心感がある相手や場であることが大事です。この場では、この関係性では、強がらなくてもいいという場があって初めて感情が流れ出し、言葉をあてられて自分の目にも見えるようになる、という気がします。

「自分の感情を露わにすることは男らしくない」というジェンダーバイアスがこの社会にはあり、その抑圧を受け続ける男性のほうが、自分の感情を言葉にして自覚することが得意ではないという一般的な傾向があると思います。私は、とくに男性が性差別にどう向き合うか、性暴力の加害者にも被害者にもならないために必要なことは何か、といったテーマで文章を書いたり、自治体等の主催で講演をする機会があるのですが、読者や参加者の感想などに触れるなかで、本当に多くの男性が「男は泣くな」とか「男の子なんだから痛くないよね」といった声かけをされていると改めて認識しました。

臨床心理学者の大河原美以さんの著書に『ちゃんと泣ける子に育てよう――親には子どもの感情を育てる義務がある』[★58]というものがありますが、まさにこのタイトルの通りで、「ちゃんと泣ける」ことが人の感情を育てていき、それが生きやすさにつながるのだと思います。

轟はこのとき、おそらくは「男らしさ」の縛りから、また、自分がゲイであるということについても十分な自覚はなく、その感情から目をそらしていたことから、花岡の死についての悲しみにはじめは触れようとしませんでしたが、よねの言葉で、泣いていい、悲しみを言葉にしていいと感じ、一気に感情が流れ出したという感じでした。BGMもなく、ずっと固定カメラで、泣きながら話す轟を写すこの場面は

★58――大河原美以『ちゃんと泣ける子に育てよう――親には子どもの感情を育てる義務がある』（河出書房新社）。

何度思い出しても胸に来るものがあります。

そこから何年も経ってからですが、轟が寅子に対して、自分のセクシャリティに触れながら、花岡に対して抱いていたのは恋愛感情であったと話す場面があります（第102回）。

「花岡への気持ちに気づいたのは、それこそあいつの死をきっかけに自分を振り返って……いや、山田が俺に『あたしの前では強がらなくていい』と言ってくれたからだ」

「山田と話せていなければ、自分を振り返れていたかも分からない。一人答えを出せずに……心が壊れていたかもしれん」

この人の前では強がらなくていい、本音を言って弱さを晒《さら》しても大丈夫だ、という安心感をもてる関係性が、どれだけ人間にとって大切かを思います。

轟は、明律大学の仲間が集まった食事の席で、一緒に法律事務所を運営しているよねや梅子との関係性について「俺達は誰が何と言おうと【家族】だ！」と断言します（第105回）。

この頃の轟の表情は柔らかく、突っ張った感じがまったくなく、初回の登場場面を思うと驚くほどの変容を遂げたものです。信頼できる関係性を得て、感情を言語化しながら自分に向き合い、少しずつ生きやすくなっていったのだと思わされます。

私は、よねと轟の相棒としての関係性が大好きで（そういう視聴者はとても多いです）、いつかスピンオフドラマが制作されるとしたら、「山田轟法律事務所の一日」というのをぜひ作ってほしいと切望しています。

2 優三――「ケアする男性像」と対等な関係性

続いて、寅子の最初の夫になる優三について考えてみたいと思います。優三には、いわゆる「男らしさ」へのこだわりがほとんど見られず、同時に寅子に対して常に思いやりがあり、対等で、とても良いパートナー関係であることが描かれています。

男らしさの三つの要素――優越志向・権力志向・所有志向

「男らしさ」の内実として社会で一般に言われるものとしては、強さや、弱音を吐かないこと、リーダーシップといった要素がありますが、男性学の研究者である伊藤公雄さん（大阪大学名誉教授）は、「男らしさ」へのこだわりを三つの要素で整理しています。[★59]

ひとつ目が「優越志向」。競争で勝ちたい、他の人よりも上位でありたいという願望ですね。

★59――伊藤公雄『男性学入門』（作品社）。

二つ目が「権力志向」。自分の意思を他者に押し付けたいという心理的傾向性をいいます。

三つ目が「所有志向」。より多くの物を持ち、自分のコントロール下に置きたいという志向性ですね。

また、伊藤さんは、男性の優越志向は、男性どうし以上に、女性を相手にした場合に強く作用するとも指摘しています。

優三にはこの三つの要素を感じません。たとえば寅子が高等試験[60]に合格したとき、優三は素直に称賛して喜び、祝いました。優三自身、ずっと高等試験合格をめざして苦学し、何年も浪人してきたにもかかわらず、後から法律の勉強を始めた寅子が先に合格したわけで、「優越志向」が強い男性であれば内心屈辱感でぐちゃぐちゃになりそうです。でも優三には、寅子を妬んだりいじけたり、虚勢を張って内心の動揺を隠すというようなそぶりもありませんでした。

ドラマでは、ややコミカルに描かれているので「優三さんはそういう人だからね」という感じで扱われていますが、現実の男性では、上司が女性だとやりづらいとか、妻の収入が自分より多いと夫は面白くないから妻が気を遣わざるを得ないとか、そ

★60—高等試験
明治以降の政府で行政および司法の高級官僚を採用するために実施された試験。合格すると行政官、外交官、領事官、判事、検事に登用される資格を得る。戦後1948年に廃止され、現在の司法試験と国家公務員試験に引き継がれた。

んな話がいまでもあることを考えると、当時の社会でこのように肩の力が抜けた優越志向のなさは、非常に得がたい美点だと思います。

優越志向の別の例では、竹もとで明律大の学生たちがお茶をしているときに帝大生のグループが入ってきて、男子学生たちが急に「スンッ」としてしまう描写がありました（第17回）。上下の序列で関係を捉える思考が内面化されているせいで、自分たちより優秀な帝大生というのは優越志向を刺激する存在です。それで明律大の男子学生たちは、途端に無表情、無口になってしまう。でも、その弱さや動揺を見せたくないし、自分に対してもごまかしたい、見ないふりをしたいものだから、仮面を被ったように「スンッ」としてしまうんですね。

男らしさの二つ目の要素「権力志向」について、もちろん女性にも権力志向の強い人はいますが、男性中心の文化において、より強く発現しやすいと伊藤さんは指摘しています。

私は離婚事件を担当することが多いので、こういうパターンの夫の例をしばしば見ます。不機嫌をまきちらしたり怒鳴ったりするモラハラ夫が、どういうきっかけでモラハラ行動をとるかというと、妻に「口ごたえされた」「言うことを聞かなかった」と感じたときだというのをよく聞きます。何を言われたからというのではなく、「自分に従わなかった」こと自体が、権力志向が強い人にとっては地雷になります。対等な関係なら話し合って解決できるはずなのですが、妻を対等な存在として見ていないと、「話し合い」は不要なんですね。双方向のコミュニケーションではなく、一方通行の指示・命令ということでしか妻との関係性を捉えられない――モラハラ行動にはそういうものをよく感じます。

最近ネット上に誕生した造語に「嫌知らず」という言葉があります。主には家庭内で、女性や子どもが「それは嫌だ」「やめてほしい」と言っているのにそのことが伝わらず、同じことを繰り返す男性の行動を指しています。「上田と女がDEEPに吠える夜」という番組（日本テレビ2025年1月28日放送）が「嫌知らず」を取り上げた際、出ていた具体例は「夫から日常的に頭を叩かれていた女性が『痛いからやめて』と伝えたが、『愛情表現だから』とやめてくれない」とか「夫が突然家に同僚を連れてきて、事前に連絡してくれないと困ると伝えたのに『俺は気にしない』と言われた」といったものでした。

こういう「嫌知らず」も一種の権力志向の現れだと思います。自分が状況をコントロールしたい、相手の反論は内容を問わず認めない、「嫌だ」と思うほうがおかしいのであって聞く必要はない……という思考パターンですね。

優三は、こうした権力志向とも無縁な男性として描かれていると思います。彼が出征する前のエピソードに、それがよく表れていました。

寅子は晴れて弁護士資格を得たものの、若い未婚の女性弁護士に依頼する人はほとんどいず、焦ったあまり「社会的地位を得るため」のお見合い結婚をめざすわけですが、優三がそこで「その相手は僕じゃ駄目でしょうか」と申し出る（第34回）。お互いの利害が一致した「契約結婚」として二人は結ばれるのですが、のちに優三はもともと寅子を好いていたと打ち明け、恋愛感情を抱いていなかった寅子も、結婚してから次第に優三への愛情を抱くようになります。

その後、優三にも赤紙が来て出征することになり、夫婦二人の会話の中で寅子は優三への謝罪を口にします。彼女は心のどこかで、優三からの愛情を搾取《さくしゅ》している面があるのではないかと罪悪感を持っていたんですね。それに対する優三の返答が、本当に名台詞です（第40回）。

「トラちゃんが僕にできることが謝ることじゃないよ。トラちゃんができるのは、トラちゃんの好きに生きることです。また弁護士をしてもいい、別の仕事を始めてもいい。優未の良いお母さんでいてもいい。僕の大好きな、あの、何かに無我夢中になっている時のトラちゃんの顔をして、何かを頑張ってくれること。いや、やっぱり頑張らなくてもいい……トラちゃんが後悔せず、心から人生をやりきってくれること……それが僕の望みです」

後から振り返れば優三の遺言のようでもあり、日本国憲法13条の精神の表れのようでもあり、何度観ても胸に来る場面です。ここでも、自分の意思を他者に押し付ける権力志向とは真逆の、相手の意思や人格を尊重する姿勢が表れていると思います。

「男らしさ」の特徴の三つ目の「所有志向」は、パートナーや部下を自分の所有物のように扱う心理的傾向もそのひとつです。セクハラや性犯罪・性暴力は、こうした男性性が歪んだ形で表れた例といえるということを、男性学研究者の植田晃さんが指摘しています。★61

★61——「『男らしさ』から社会を見る～誰もがより生きやすい社会を目指して」笹川平和財団 https://www.spf.org/publications/spfnow/0064.html

大阪地検の検事正（当時）が、部下の女性検事が酒に酔って意識がない状態にあるのに乗じてレイプしたとされる、前代未聞の事件の裁判が行われています（2025年2月現在）。報道によると、女性は被害時、被告人から「これでお前も俺の女だ」と言われたと述べています。性的関係を持つことで相手を所有した気持ちになるという、非常に歪んだ所有志向がわかりやすく表れた言葉だと思います。

政治家や芸能人などの性暴力の報道を毎日のように耳にしますが、加害者には、より多くの女性、若くて容姿端麗な女性と性的関係を持つことが、自分の優越性を示すかのように捉える傾向があると感じます。セックスを個々の女性との対等なコミュニケーションではなく、なにか自分のポイントを貯めるようなものと見ているのでしょうか。

ドラマでは、前に触れたように、花岡が女給からもらう恋文の数で男子学生の羨望を集めるとか、梅子の夫が妾を囲っていることを〝男としてのステータスが高い〟かのようにもてはやす描写が、こうした所有志向を描いていました。その場面には登場していないので想像ですが、優三はこういうやりとりで盛り上がるようなタイプではないでしょうね。

★62―直言
猪爪直言《なおこと》（演＝岡部たかし）。帝都銀行に勤める銀行員で、寅子の大学進学を応援するなど当時としては開明的な父親。頼りないところもあるが家族への愛情は深い。モデルである三淵嘉子の父・武藤貞雄は台湾銀行に勤務して海外赴任が長く、「女性は仕事を持つべき」

優三が見せた別の強さとケア能力

このように、優三はマッチョ的な「男らしさ」と無縁な男性なのですが、ではただ気弱な人なのかというと、ここぞという場面では毅然と行動できるというのも、ドラマの中で描かれていました。寅子の父の直言[★62]が、共亜事件[★63]という大疑獄事件に巻き込まれ、自宅に検察が踏み込んでくるシーンです（第20回）。

突然やってきた検察官たちを前に、家族が動揺しているところへ優三が帰宅します。直言と同じ職場で働いていた優三には、ある程度状況がわかっていたのでしょうね。脚本のト書きには（いつになく凛々しく）と書かれています。優三は「ここは僕に任せて」と、寅子の母のはるには幼い直明とともに奥に行かせ、寅子には「従おう。令状が出ている以上、捜索を止めることはできない」と落ち着いて伝えます。

そして検察官には、「僕が家の中をご案内しますので」と協力の意思を示しながらも、土足で入ろうとする彼らを止めて「靴だけはお脱ぎいただきたい」。最低限の礼節は尊重してほしいということを、しっかり伝えるわけですね。誰であれ、捜

という進歩的な考えから、嘉子に医者か弁護士になることを勧めた（清永聡『三淵嘉子と家庭裁判所』より）。

★63―共亜事件
モデルとなったのは帝人事件（１９３４年）。帝国人造絹絲株式会社（帝人）の株式をめぐる贈賄の疑いで、社長のほか台湾銀行頭取や商工大臣、大蔵官僚や財界人など16名が起訴された。批判を受け齋藤実内閣は総辞職に追い込まれたが、裁判では犯罪の証拠がなく全員無罪となった。穂高先生のモデルである穂積重遠がこの事件の特別弁護人を務め、桂場のモデルである石田和外が左陪席裁判官として無罪判決を言い渡したことも史実。

査機関に対峙するなどというのは緊張し、怖いに決まっていますが、家族同然に暮らす猪爪家の尊厳を守ろうと前面に立つ。それも決して荒っぽい言葉や態度ではなく、冷静に理を通すという、さりげない強さがこうしたエピソードからも伝わってきます。

優三という人の大事な特徴を、ひと言で言うなら「ケア力が高い男性」だと言えると思います。他の人のニーズを汲み、理解して、自分ができることでそれに応えようとする。そんな行動をナチュラルにできる人なんですね。こういうケア力は本来、性別によらず大事な能力だと思うのですが、この社会では主に女性の性別を割り当てられた人に、気遣いや「癒し」のような形でケア役割を押し付けがちです。結果として、女性のほうもケア力を訓練されるし、ケアすることで褒められるので、ついついその役割を率先して担ってしまう。

やろうと思えば男性もできるはずなのですが、生まれたときから「(男である)あなたはそんなことをしなくていい、ケアを受ける側でいればいい」というメッセージを受け続けていると、自分からケアを担うという主体的な意識は育ちづらいのでしょうね。このような現状の社会を踏まえれば、子育て・教育ではそれを意識し、ケアの主体となる意識を、とくに男の子には意識的に育てる努力が重要だと考えています。

ギンズバーグ判事を支えたケア力が高い夫

私の周囲でも多くの人が『虎に翼』を観ていたので、放映中は皆さんが自分の経験に引きつけてSNSに投稿する感想を読むのもとても楽しい時間でした。そういう中で、「私の夫は優三さんタイプです」と書いている方が何人かいました。

もちろん、パートナーはいてもいなくてもいいし、男女のカップルに限らずさまざまな関係性がありますが、優三について語る人たちの感想を見ていると、女性差別が強い社会において、男女カップルの関係性を対等で健全なものとして維持し続けるためには何が必要なのかということを考えさせられました。

アメリカの有名な女性判事ルース・ベイダー・ギンズバーグと、その夫マーティのことも思い出されます。ルースはアメリカ初の女性最高裁判事で、「RBG」の愛称で親しまれた方ですが、彼女の夫に関するエピソードを見ると、とてもケア的な男性だったのだと感じます。アメリカの法曹界にも女性差別が根強くありましたから、ルースは偏見や逆風とたたかいながら最高裁判事まで上り詰めたわけですが、〝夫のマーティの支えがあったからこそできた〟ということを、最高裁判事の指名を受けた際のコメントで彼女自身が語っています。

大学時代に知り合った二人でしたが、ルースは当時から飛び抜けて優秀で、「私の頭の良さを気に入ってくれた男性は、マーティが初めてでした。50年代において、それは稀なこと」だったと振り返っています。「悲しいことに、当時、同級生の女性たちは、頭が良いのをあえて隠そうとしていました。マーティは自分に自信があり、自分をよく知っていたので、そんなことに恐れを感じなかったのです」★64

残念なことに、いまの時代になっても、自分の妻が優秀であることや、自分より社会的に出世することを快く思わない男性も少なくありません。そうならず、自分の妻の活躍を応援し支えるという対等なパートナーシップを築くには何が必要なのか。ルースは、たとえば「自分に自信があり、自分をよく知っている」ことを挙げているわけですね。

私が仕事で見る離婚事案で、モラハラ・DV気質の男性は、妻が生き生きと活躍

★64——猿渡由紀「ルース・ベイダー・ギンズバーグ判事に見る、理想的な夫婦の形」Yahoo!ニュース https://news.yahoo.co.jp/expert/articles/90998fde004032484a9b7eb350b0720f1ce02bcc

するのを面白く思わなかったり、「自分が要らなくなって捨てられるのでは」といった気持ちを抱いたりします。これは、その男性の社会的地位が高く、客観的には妻と同等に評価を得ているという場合であっても起こります。

メディアや社会の中で言われる「いい旦那さん」や「優秀な男性」が、実際のパートナー関係になったときに、かならずしも女性に幸福をもたらすとは限らないと思います。優三も男社会の中ではかならずしも評価されない、地味で目立たないタイプです。花岡のように他の男子学生から「さすが」とうらやましがられるようなことはないものの、寅ちゃんにとっては対等に尊重しあえるいいパートナーであった、という描かれ方はとてもいいと思いました。

女性の側も、いわゆる「女らしさ」を内面化しているとそうなるのだと思いますが、男性から「選ばれる」ことに自分の価値を見出すという発想になりがちです。そうではなく、対等に尊重しあえる関係性を築けるかどうかを見定めようという発想で、女性が「選ぶ」側の目線を持とうとするとき、ホモソーシャルなノリから距離をとれるとか、権力志向や所有志向の匂いがないといった基準は、有効な指標になると思います。

そういう男性は、あまり目立たないかもしれないけれど、いないわけではありません。私の知り合いでも、お互いに敬意をもって対等な関係を築いているなと感じさせるカップルは何組もいます。ただ、『虎に翼』の感想をいくつか見ていて気づいたのですが、自分の夫が優三さんタイプのいいパートナーであるということは、あまり表で言ったことがないという女性がけっこういるんですね。自慢や惚気《のろけ》に聞こえてしまうかもと遠慮して控えるというのもあるでしょうが、「うちではこれでうまく行っているけれど、世間から〝奥さんが強い〟〝夫を尻に敷いている〟みたいに言われるのも嫌だし」などと、ジェンダー的な無理解から嫌な思いをすることを予感して、あえては言わないできたという言葉も聞きました。

率直に言うと、女性が若くて社会的経験が乏しい頃に、優三のような人こそがパートナーとして素晴らしいということをわかっていることは、あまり多くないのではと思うのですね（私がそうでした）。〝壁ドンして強引に女性に迫って、かっさらっていく〟というような男性キャラがかっこよく描かれるコンテンツはあっても、地味でおとなしく、緊張するとすぐお腹にきてトイレに駆けこんでしまうような男性キャラにときめく女性キャラ、といったものが描かれる作品は、あまり見たことがありません。

そんな意味でも、パートナーを対等に尊重しケアする男性とはこういうイメージか、なるほどこれはいい、と視聴者に思わせるようにドラマで描かれた意味はとても大きいと思いました。

3 小橋――「マジョリティ男性」の変化の歩み

次に、寅子の同僚である小橋について考えてみます。

もともと明律大学の同級生で、司法省・家庭裁判所でも同僚となる小橋は「嫌な奴」キャラとして登場します（最後までけっこうそうではあります）。学生時代には、女子部の法廷劇の最中にヤジを飛ばして、よねに股間を蹴り上げられたり、ハイキングで梅子の息子の光三郎にニヤニヤと「君のお父上はご婦人におもてになる」等と愛人がいることをほのめかしたり。

ミソジニー（女性蔑視）的な行動、ホモソーシャル的な価値観に染まる一方で、花岡のように華があって目立つタイプでもない。同僚となってからも、小橋のそういう面はちょくちょく描かれ、寅ちゃんはそのたびにカチンときたり、「はて？」と言い返したりするわけですが、そんな小橋がだんだんと変わっていくことも物語の端々で描かれていました。そんなエピソードを拾いながら考えてみます。

感情の言語化

小橋と寅子が家庭裁判所の裁判官になった頃に、こんなエピソードがありました（第74回）。寅子が調停にかかわった家事事件の当事者の女性が、おそらく精神的に追い込まれていたのでしょうが、裁判官の寅子を逆恨みして逆上し、カミソリで切りつける事件が起きます。家裁の建物内の廊下だったので、周囲にいた職員たちも騒然となって駆け寄り、緊迫した空気になります。

その場にいた小橋も、ちょっと腰を抜かしたような感じになりながらも、寅子のことを気遣って飛び出し、「佐田はとりあえず医務室に！」と促します。脚本には（おそらく時間の尺の関係で）実際のドラマでは放映されなかった台詞もけっこうあるのですが、この場面の最後に、脚本ではこんなやりとりがあります。ショックで呆然となっている寅子に小橋が「帰るぞ、佐田」と声をかけ、寅子が「えっ？」という反応をすると「俺には無理だ。一人では到底抱えきれない」。

ショッキングな場面に遭遇したので、そう感じて当然とも言えますが、自分がシヨックを受けている、怖いという気持ちを素直に吐露しています。しかも小橋にとって、寅子は同僚の中でも常に自分とぶつかるし、女性裁判官としてメディアにも登場して「有名人」になり世間の脚光を浴びる、目障りな存在なわけですね。それでも、そういう女性に、虚勢を張って恐怖感を隠すわけではなく、ぽろっとひと言という感じですが、弱い気持ちを表現しているのはちょっといいなと思いました。

その後にも、小橋がまたぽろっとひと言、自分の気持ちを言葉にしたシーンがあります。寅子が家庭裁判所を離れ、新潟地裁の三条支部[★65]に異動することが決まった頃の場面です。寅子を家裁創設期の中核メンバーと考えていた多岐川[★66]は大ショックで、人事を決めた桂場に食ってかかりました。でも、桂場がむしろ寅子のキャリアを考えて、あえて下積み経験を積ませようとしたことがわかり、多岐川は「それはお前、「飛び切りの愛じゃないか!!」と感動に震えています。

その場にはライアン（久藤）もいて、桂場、多岐川と三人が寅子を囲んでワイワイとしているシーンで、少し離れたところにいた小橋がボソッと「うらやましい」って言うんですね。さりげない台詞なんですが、周囲に愛される寅ちゃんへの妬みそねみではなくて、素直な本音をポロッと口にしたような感じで、それを多岐川や

★65―三条支部
家庭裁判所の創立後、寅子は新潟地裁の三条支部に裁判官として赴任。ドラマの「新潟編」がスタートする。史実では、三淵嘉子は昭和27（1952）年に名古屋地裁に赴任。東京地裁を経て昭和47（1972）年に新潟家庭裁判所の所長となっている。

★66―多岐川
多岐川幸四郎（演＝滝藤賢一）。初代最高裁家庭局長として家庭裁判所の創立に尽力。「愛の裁判所」の理想実現のためにあらゆる手を尽くす正義感とバイタリティの持ち主だが、部下である寅子たちは振り回され通し。モデルとなった宇田川潤四郎もドラマ以上に個性

ライアンも（女々しいことを言うな、などと言うのでなく）、かわいいやつだという感じで受けとめていて、温かい場面だなと思いました。

的で奔放な性格で、事あるごとに高尾山へ滝行に行っていたという。

男性裁判官たちの友情

こういう風に、ミソジニー的な部分があった小橋が少しずつ変わっていくきっかけは何だったのでしょう。私の想像ですが、そこには先輩裁判官である多岐川や汐見[★67]、それにライアンといった先輩男性たちの影響があったのではないかと思います。時代の背景もあって完全にとは言えませんが、この人たちからは女性差別的価値観は感じません。

多岐川は、男女や年齢に関係なくフラットに人と接する自由人ですし、汐見はのちに妻の香淑の弁護士としての活動を支えるために裁判官を辞めるなど、当時の男性としてはかなりケア能力が高いことがうかがわれます。ライアンは、文字通り華族出身の〝殿様判事〟で、多分それゆえに異色な存在で居続けられたところもあるのかなと想像しますが、モデルになった内藤頼博氏は、日米開戦前にアメリカの家

★67—汐見
汐見圭（演＝平埜生成）。家庭局判事。日頃は破天荒な多岐川をフォローする役回りだが強い信念を秘めている。満州で出会った崔香淑と結婚し、のちに彼女が朝鮮人被爆者の支援に取り組むようになると裁判所を辞めて協力する。雲野弁護士らによる原爆裁判を裁判長として担当した。

裁を視察していたく感銘を受け、それを日本の家裁の制度の中に実現しようとした理想主義者だったそうです。★68

寅子が民法改正を求める女性たちの会合に出席した後、ライアンが話しかけ、会合を主催した女性初の国会議員である立花について「素晴らしい人でしょう」と言う（第48回）態度からも、男女差別なんて古い、女性たちが新しい時代を切り拓くのは素晴らしい、とリベラルに考えていたようすがうかがえますね。

そして、これも放送ではカットされていた台詞なのですが、放送されていたら、きっと反響を呼んだのではないかと思うやりとりがあります（第66回）。新しくできた家庭裁判所を知ってもらうために、寅子は多岐川と一緒にラジオに出たり、メディアの取材を多く受けるようになり、一躍有名になります。その頃は家裁の内部でも家事部と少年部の対立が続いていた上、仕事に邁進しすぎた寅子は花江や優未たち家族との間がギクシャクし始めていました。寅子にとっては、大変だけれどもやりがいもあり、自分に自信がつき始めていたころだと思います。

そんなときに、他の裁判官から広報活動ばかりしていると嫌味を言われ、ふてくされた寅子が多岐川や汐見に愚痴《ぐち》ります。それに対して小橋がこのように言います。

★68―ライアンのモデルの内藤頼博は戦前は子爵で「殿様判事」とのあだ名があった。新宿区内藤町の町名に名残があるように、新宿御苑を含む一帯はかつての内藤家の敷地。芸能界にも多くの交友関係を持ち、彼の紹介によって家裁の広報に人気芸能人の協力を得たことも史実（清永聡『三淵嘉子と家庭裁判所』より）。

小橋　「まあ、単純に面白くないんだろ？」
寅子　「はて？」
小橋　「取材に講演会に雑誌連載……まだ半人前の判事補が裁判官の誰よりも目立っているのは面白くない」
寅子　「壇さん達は、そんな心が狭い人じゃないです！」
小橋　「そうかぁ？　男ってのは立てられて、おだてられて持ち上げられて、新しいことやる時は『俺が発案者』みたいな顔させて欲しいんだよ。それが男の現実！」

これは〝Boys will be boys〟つまり、男なんてみんなそうだという言い方ですね。するとそこに（ト書きによれば）「食い気味に」多岐川が割って入って、

多岐川　「いや、『男の甘え』の間違いだろ、小橋くん！」「更に補足するならば『一部の男の甘え』だな。一方、この国には男女関係なく『出る杭は打たれる』

という悪習があるのも事実だ！」

この部分は放送されなかったのですが、多岐川の個性がよく表れた台詞です。多岐川は、特段フェミニストというわけではないのでしょうが、偏見やバイアスがなく、ナチュラルに人間の本質を評価しようとする姿勢を感じます。

多岐川のモデルになった宇田川潤四郎という人は、もちろん脚色はあるにせよ、ドラマに負けないくらい個性的で自由な人だったようです。ＮＨＫ解説委員の清永聡さんが書かれた『家庭裁判所物語』にも、いろんなエピソードが記されています。ふんどし一丁で滝に打たれにいく話とか、自分で考案した「ピンピン体操」をまわりに勧めた話とか。ドラマに出てきたあれは史実だったのか！　とびっくりします。

寅子が新潟に異動することが決まった後も、多岐川は自宅で「佐田寅子くんの輝かしい人生を祈って！」なんて言って、裸でざっぱんざっぱん水をかぶって水行をします。コミカルな場面ではありますが、改めて読むとちょっと胸が詰まるような、温かい関係性が表れている台詞です（第75回）。

「こっちはまかせろ～～！　寂しいぞぉ～～～～!!」

「頭じゃ分かっているが俺は君が去るのが寂しい！　寂しくて寂しくて仕方ないんだぁあああ！」

いい歳をしたおじさんなのに、格好をつけずに「寂しい」とか「つらい」みたいな感情をどんどん表に出すのが多岐川なんですね。それに対して汐見が「僕達がいるじゃないですか！」、小橋も「そうですよ！　俺らが佐田の分も支えますから!!」なんて言って、稲垣も含め4人で抱き合っています。

ホモソーシャルな絆の問題を述べてきましたが、もちろん男性どうしが友情を育むこと、それ自体が悪いことであるはずはないんですよね。その関係性が対等で、マウントをとりあうようなものでなく、女性や性的マイノリティを一緒に排除することで絆を確認しあう……といった有害なものにならないことが大事なのであって、そういう有害さがない男性どうしの対等な友情というのは、むしろホモソノリを解毒する効果もあるのではないでしょうか。

多岐川たちとの関係性は、そういうフラットな友情を感じさせました。多岐川の人柄や、汐見やライアンといったマッチョさのない男性たちに囲まれて働くなかで、小橋も少しずつ影響を受けて変わっていったのではないかと想像します。

そういえば小橋は後半、少し年齢が行ってから登場するときにチョビ髭をはやして登場しますね。年齢を重ねた感を出すための演出だと思いますが、もしかしたらあれは多岐川を真似たのかも？　と思ってしまいました。

最初のほう（第53回）で、小橋が多岐川を評して「ああいうチョビ髭の奴らは大抵スケベだ」と言ったことがありました。多岐川が、同居している香淑のことを職場では「香子ちゃん、香子ちゃん」と言っていた頃ですね。そう言っていた小橋自身が、歳をとってからチョビ髭になったのは、もしかしたら本当は多岐川にとても感化されたからなのでは、なんて考えてしまいました。そんなサイドストーリーもいろいろと読み込みたくなってしまうのがこのドラマの楽しいところですね。

「平等な社会の邪魔者にはなりたくない」——ミソジニーとの決別

続いて、〝小橋はこの場面のために出てきたのか!?〟と小橋の株を急上昇させた場面に行きましょう。ドラマの第１０７回から１０８回ですね。

寅子の弟の直明は教師になり、あるとき寅子に頼んで、学校の生徒を連れて裁判所の仕事を見学に来ます。寅子のほか、後輩の女性裁判官の秋山[★69]と、稲垣や小橋たちも同席していました。やってきたのは14歳の中学生、男子2人と女子1人ですが、思ったほど裁判所の仕事に興味があるわけでもなさそうで、大人たちはあれっ？という感じです。

秋山が、その当時話題になっていたある事件の説明をするのですが、満員のバスに無理に乗車しようとした男性がそのまま引きずられて怪我をしたことで、バス会社と運転手を訴えたというものでした。そのバスの車掌は女性で、乗客は彼女の静止を聞かずにバスに次々乗り込んでしまい、怪我をした男性も酔っていて車掌の注意を聞かなかったという事情がありました。その説明に対して女子中学生が「それって車掌が男性だったら起こらなかった事件ということですか？」と質問します。女性だから侮《あなど》られることがあるということを、すでにこの生徒は知っているのですね。

寅子はその質問に答えて、「そこまでは明言できない。ただ女性が社会にでると、こういった問題に巻き込まれたり、男性と比較されたりすることが多くなるのは事実ね」。なんとなく女性どうしで通じ合うものを感じさせますね。すると、それま

★69―秋山
秋山真理子（演＝渡邉美穂）。寅子の後輩の女性判事。寅子に憧れを抱き裁判官の仕事に取り組むが、妊娠がわかって仕事を続けられるか不安を抱き動揺する。

で黙っていた男子生徒が口を挟みます。

「でも、好きで働いているんでしょ。女は」

「男は絶対働いて家族を養わなきゃいけないけど、女は違う。自分で選んだのに、なんで文句を言うの？」

「どうして働きたいの？　自分から辛い思いをしにいっているってこと？　女は働いても働かなくてもいいんだ。そっちのほうが得だろ？」

なんだかTwitter（X）上の幼稚なアンチフェミの発言のようですが、この発言に大人たちが固まってしまって反応に困っているところで、「語りを遮《さえぎ》るように」（ト書き）小橋が「分かる！」と話し出します。

男だって勉強や仕事を頑張らなくていいなら楽をしたい。優等生でも不良でもない中途半端な俺たちは、親や先生からも関心を向けられない。『できる男』と比べられるのも嫌なのに、更に『できる女』とも比べられる！　頑張らなくてもいいのに頑張る女たちに無性に腹が立つ！」……そんな風に、男子生徒の気持ちを代弁するように語り続けます。周囲で聞いている寅子たちは、話がどこに向かうのか困惑気味です。

そうやって共感を示した上で、小橋は「平等ってのはさ、俺達みたいな奴にとって、たしかに損な所も沢山ある……でも、その苛立ちを向ける時、お前、弱そうな相手を選んでないか？」と続けます。「俺達」という言い方、鬱屈への共感、そういうことから、男子中学生のいわば仲間としての気持ちから話していると感じられます。

女性差別をなくそうというのは、男性を抑圧したり、女性より低く扱えという主張ではありません。〝女性の敵は男性〟ではなくて〝性差別構造こそがみんなの敵〟というのがフェミニズムの立場だと思います。でも、それを捻《ね》じ曲げて受け止めて、「男だって大変なのに」とか「女は優遇されている」といった、いじけた気持ちを抱く男性も少なからずいます。私は、そういう気持ち自体を否定することはできないとも思っています。

私が講演などで、「男は泣くな」と言われたり、そういう言葉を他の男性が言われている場面を見たことはありますか？ と質問すると、男性の参加者のほとんどが「ある」と答えます。弱音を吐いたり、つらさを訴えたりすることに対して、受け止められ方が男女で違うということは事実です。それがおかしいと声をあげるのはとても正当なことだと思います。ただし、それは女性に敵意を向けたり当たり散らしたりすることと同義ではないはずですよね。

おそらく小橋も、そうしたグズグズした葛藤をずっと抱えてきたのでしょう。それで、自分と重なる鬱屈を抱えた中学生の語りを聞いて、よくわかると思ったのでしょうね。自分の中にもそういう不満や鬱屈があった。けれど、自分はその葛藤の出口をこういう風に見つけてきたんだ、というのが先ほどの語りだったのではないでしょうか。その出口というのは、さらに続く台詞に表現されています。

「この先どんな仕事をして、どんな人生を送ろうと弱そうな相手に怒りを向けるのは、何も得がない。お前自身が『平等な社会を拒む邪魔者』になる、嫌だろ」

自分の中に抑圧も鬱屈もあることを認めるけれど、平等な社会に逆行する邪魔者にはなりたくない。これはとても大事な言語化ですよね。小橋自身も、簡単にこの台詞にたどり着いたわけではないでしょう。だからこそ重みがあります。

批評家の杉田俊介さんは、性差別社会と向き合う男性のありようについて、以下

のように述べています。★70

「男性たちも内なる痛みや傷、恐怖を手当てし、ケアされてよい」

「男たちは差別性と加害性を自覚しつつ、社会変革を目指すべきである」

つまり、男性も自分が傷ついている、怖い、悲しい、といった負の感情の存在を認め、口にすることを躊躇《ためら》う必要はない。そして、いきなりすごく立派なことはできなくても、平等な社会に向かうために自分はどうありたいのかを考え、少なくとも変革の邪魔者という自分にはなりたくないと誓うこと。まずはそこが第一歩だし、とても大事な認識なのではないでしょうか。

先ほどの台詞に続けて、小橋はこんな風に男子生徒に語りかけます。

「まぁ一番になれなくてもさ、お前のことをきちんと見てくれる人間は絶対いるからさ!」

競争に勝って一番になることだけが人生の目的で、成功できなければ意味がないというような価値観は、やはり社会の中で男性により多くのプレッシャーを与えています。それを少しずつ相対化するような方向に、小橋も歩んできたのでしょうね。

ここでの小橋の言葉は、内容自体も素晴らしいと思いますが、大事なことは、こ

★70―杉田俊介『マジョリティ男性にとってまっとうさとは何か』(集英社新書)。

ういう内容を言う役割を女性に負わせず、男性として他の男性に言う役割を引き受けているることですね。それ自体にもすごく意味があったんじゃないかと思います。

それでも、「男もつらいよ」では終わらない

このような小橋のまっとうな変化に、視聴者も感銘を受けてしまうのですが、『虎に翼』がさらにすごいのは、小橋の株が上がっただけで終わらないところですね。「なるほど男も女も、どっちもつらいよね」では決して済ませないのです。それはその直後の、同席していた後輩の秋山と寅子の会話で示されます。

小橋の語りには寅子も感動して「とっても良いお話だったわ」と言うのですが、秋山は硬い表情をしています。寅子と二人になった後、ト書きでは（心底悔しい）という表情で、秋山は「一緒にされたくないです、私は」「男と女の辛さを、一括《ひとくく》りにされたくない」と吐露するんですね。そして、「佐田さん、どうしましょう。私、子供を授かってしまいました」と告白します。

赤ちゃんを望んでいるなら、授かることは一般的にはおめでたいことですよね。

でも、子どもがほしいと自分自身思っていたはずでも「どうしよう、妊娠してしまった」と目の前が真っ暗になるという状況もあります。私も秋山の気持ちがすごくわかって、泣きたくなってしまいました。どの仕事でもきっとそうだと思いますが、弁護士でも、子どもがほしいと願い、人によっては妊活もして、やっと授かったという喜びの一方、でも仕事のことを考えたら「いま妊娠して本当によかったのか」「周囲に言ったらどんな顔をされるだろう」と考えてしまう……そういう女性はたくさん私の周囲にもいました。

ましてこの時代には、裁判官には育休の制度がなかったのです。「裁判官の育児休業に関する法律」という法律がありますが、なんとこれができたのが平成３年（１９９１年）です。それまで、女性裁判官が妊娠・出産したらどうしていたのか……。たぶん親族頼みで、頼れる親族がいなければ退職せざるを得なかったのではないでしょうか。

清永聡さんによると、寅子と秋山のこの会話があったとされる１９５６年当時、女性裁判官は全国で12人しかいなかったそうです。[★71] 司法試験合格者も圧倒的に女性が少ないですし、その中で裁判官になるのは毎年１人か２人。現在も、裁判官の女

★71――朝ドラ見るる「『虎に翼』の〝はて？〟を解決！『女性裁判官、たったの12人!?　法曹界の根強い女性差別、闘いの歴史』」ステラnet　https://stera net.jp/articles/-/3494

性比率は3割弱ほどです（2022年12月現在28・7％）[72]。少数派とはいえ、寅子の時代を思えば隔世の感があります。最近では、裁判官と検察官の新規採用の半分近くは女性だそうです。その方たちがずっと、出産・育児を経ても退職せずに定着できる組織に変わっていくことを期待していますが、そんな風土がまったくない時代ですから、妊娠がわかった秋山はロールモデルもほとんどなく、途方に暮れていたわけです。

そんな社会や組織の雰囲気が厳然としてある中で、「男も女もどっちもつらいよね」というような、対称的でお互い様という話ではありません。男性には男性ならではのつらさがあり、それは解消されなければならないけれど、だからといって、それで女性差別を相殺できるわけではないし、社会が変わらなくていい言い訳にもならない。そういうエピソードを、小橋のかっこいい台詞の後にあえて持ってくる。本当によく練られた脚本だなと感心しました。

★72――『弁護士白書 2023年版』（日弁連）より。

4 穂高先生――「リベラルな理解者」の二つの顔

最後に、より年長の男性として、寅子の恩師である穂高先生について考えてみます。穂高先生のモデルは実在した法学者の穂積重遠[★73]だとされています。女性が弁護士になる道が法律上もなかった時代に、明律大学に女子部法科を設けることを提言したのが穂高先生だという設定です。たまたま法学部の講義を聞くことになった寅子に穂高先生が声をかけて、女子部への入学を勧める（第3回）。短い会話を交わしただけで、寅子は法律家に向いていると見抜いたのはさすがの慧眼《けいがん》です。

「続けて」が示す傾聴力

この経緯の中で、私がとてもいい言葉だなと思ったのは、穂高先生の「続けて」という台詞です。先生から「どうだった？」と講義の感想を訊かれた寅子は「すっきりはできませんでしたが、でもはっきりはしたと言いますか」などと答える。こ

★73―穂積重遠
戦前戦後の日本を代表する法学者。東京帝大教授、貴族院議員、最高裁判事を歴任。「家族法学の父」といわれ、民法改正を通じた家族制度の近代化と法律の大衆化に尽くした。女権拡張にも好意的で、弁護士法の性別要件の撤廃、児童虐待防止法の制定なども功績のひとつ。

のとき先生はニコニコしながら「続けて」と言うんですね。このひと言に寅ちゃんはすごく励まされたのだと思います。

その後、女子部入学の願書を黙って出したことがばれて、母親のはるに猛反対されます。そのとき寅子はこう言うんですね。「先生は私の話を遮らなかった。それどころか、もっと話をしろ。話を続けろって……そんな風に大人に言われたことなんて今まで一度もなかった」と（第5回）。遮らないで、話し終わるまで耳を傾ける、そういう一見シンプルなことが、他者への尊重としてとても大事なことなんですよね。

三淵嘉子さんは、家庭裁判所で少年事件を担当するとき「もっと聞かせて」という言葉を少年によく言っていたそうです。[★74] 事件を起こした少年たちは、生い立ちや心境に難しいものを抱えていることがほとんどですから、口が重かったり、自分の思いをうまく言葉にできない子が多かったでしょう。それに対して三淵さんが「もっと聞かせて」と穏やかに促すことで、頑《かたく》なに口を閉ざしていた少年たちが心を開いて話しだしたということを、周囲にいた人が証言しています。

三淵さんが持っていた〝傾聴力〟のようなもの、対等な人間として相手の言葉に

★74――清永聡『三淵嘉子と家庭裁判所』。

耳を傾ける姿勢が、彼女の裁判官としての大事な資質のひとつだったのかもしれません。シンプルなことのようですが、相手の言葉を遮らずに聞くこと、口ごもったり沈黙したりしたときも次の言葉を待つといったことは、とても大事なコミュニケーションの作法だと思います。つくづく思うのですが、私が離婚事件で接しているようなモラハラがひどい夫婦だと、この「もっと聞かせて」があり得ないのです。もっと聞かせてどころか、話を聞かない、遮る、「嫌だ」と言っているのに「嫌がるほうがおかしい」と認めない（「嫌知らず」）、そういうことばかりです。こういう場合、一見会話しているようでも、それは一方通行のオーダー、指示命令であって、双方向のコミュニケーションではないんですよね。

穂高先生の「続けて」から私は三淵さんの「もっと聞かせて」を連想しました。穂高先生は、この時点ですでに法学の大家としての社会的地位にありました。対して寅子は、親子以上に年が離れている上に、当時の価値観では二級市民として扱われる女性。そんな相手に対しても尊重を欠くことなく、関心をもって丁寧に話を聞こうとする。そのような穂高先生の人物像を表したのが「続けて」という言葉のように思います。

寅子の怒りはなぜ届かなかったのか

こうした寅子の恩師であった穂高先生が、後半になると違った側面を見せていく脚本には「なんてリアルなんだ……」となる思いでした。結婚した寅子は弁護士としての仕事も増え、女性弁護士第一号として社会からの期待も受けながら忙しく働いています。そんな最中に妊娠がわかるのですが、仕事を休むこともできず無理を重ねた結果、ついに母校の明律大学での講演の直前に倒れてしまう。

目が覚めると寅子は医務室のベッドに寝かされていて、傍らに穂高先生がいます。そこでの会話で、妊娠していることを告白すると先生はこう言います（第38回）。

「君、それは仕事なんてしている場合じゃないだろう」

「結婚した以上、君の第一の務めは何だね？　子を産み、良き母になることじゃないのかね」

寅子はこの言葉に唖然とするわけですが、穂高先生は穏やかで善意のかたまりのような表情で、教え子の身体と人生を気遣って言っているつもりなんですね。寅子は出産後も法律の世界で働いていこうと思っていたでしょうし、穂高先生も応援してくれるはずと思っていた。だから先生の言葉に唖然としてしまったんでしょう。

「こうなることが分かっていて、先生は私を女子部に誘ったのですか？」と寅子が問うても、先生は「雨垂れ石を穿《うが》つだよ」と、次の世代に希望を託そうみたいなことを言います。それに怒った寅子は思わず「私は今、私の話をしているんです！」と叫んでしまう。それに対しても、先生は「大きな声をだすと、お腹の赤ん坊が驚いてしまうよ」などと言うのがもう、逆撫《さかな》ででしかないのに、それをまったく自覚していないこの善人な表情……。

これが第一の決裂の場面ですね。さらにその後、先生は寅子の勤め先にも勝手に妊娠のことを伝えてしまい、寅子は事務所を辞めざるを得なくなりました。

女性も法律家になれるようにと女子部を作ったのに、穂高先生はいったい全体、彼女たちが子を産むことは考えていなかったのか？　おそらくは、まったく深く考えず、どうにかするだろう程度にしか考えていなかったんでしょうね。背中を押しておいて、いざ一段ハードルが高い荒野に差しかかったら「後は頑張りたまえ、ここが無理なら終わりにしてもいいんだよ」みたいな、ひどい話です。一緒に荒野を切り拓こうと闘い、道を踏みならしてくれたらよかったのに。

女性が弁護士になれないのはおかしいと思い、差別を解消しようという高邁で抽象的な理想を語る人物が、現実の身近な女性の具体的な困難には、こういう態度をとってしまう。この二面性は実にリアルだなと感じる展開でした。

民法改正審議会での再会

その後、寅子には娘の優未が生まれますが、戦争が激しくなり、兄の直道も夫の優三も出征します。直道は出征先で戦死し、戦争は終わりましたが、寅子は優三と両親を相次いで失うという本当につらい経験が続きました。

新憲法に背中を押された寅子は裁判官を目指しますが、当時の法律ではすぐに裁判官にはなれず、司法省の職員として民法改正の作業に携わることになります。そこで、民法改正案の審議会メンバーになっていた穂高先生と再会します。この審議会での議論もひとつのハイライトですね（第49～50回）。

１９４６年に日本国憲法が公布されて、翌47年の5月に施行されます。民法も同時に改正できればよかったのでしょうが、とても作業が間に合わないので旧民法が暫定的に生きていて、47年6月頃からようやく改正作業にとりかかったのですね。その頃はすでに新憲法が施行されていて、第24条では「婚姻は、両性の合意のみに基いて成立し、夫婦が同等の権利を有することを基本として、相互の協力により、維持されなければならない。(…)婚姻及び家族に関するその他の事項に関しては、法律は、個人の尊厳と両性の本質的平等に立脚して、制定されなければならない。」という条文も存在するわけですから、旧民法の規定した家制度も廃止されるのが論理的帰結だろうと後世の私たちは考えますが、当時の政府はかならずしもそう考えてはいなかったようです。このあたりの背景は第1部でも触れました。

ドラマでは、審議会の場で保守派の神保教授と穂高先生が意見を戦わせます(史実では、穂積重遠は審議会委員にはいませんでしたので、ここは創作です)。家制度の廃止は日本の伝統を破壊するからGHQに撤回させるべきだという神保教授に、穂高先生は「憲法で日本国民の平等をうたうならば、家制度も廃止するしかないでしょう」と反論する。

でも、この論争を聞く寅子の気持ちは複雑です。穂高先生の意見は立派ですが、その先生が自分には子育てを優先して、弁護士なんか辞めていいんだよと言ったことを思い出して、納得いかない思いがふつふつと込み上げているわけです。

でも、この時点での寅子はまだ「スンッ」としたまま、いわゆる「わきまえた」態度をとっています。上司であるライアンは、もっと寅子に切り込んでほしいと期待していたので、物足りなげな表情です。

そして審議会の散会後、穂高先生が寅子に近づいてきて、こんなことを言い出します。「あれからずっと考えていて……実はね、君に新しい仕事を見つけてきたんだ」と。寅子が夫も両親も失ったことを聞いていて、彼女が一度挫折した法律の世界に戻ってきたのは食べていくためにやむなく選んだ道だろうから、給料のいい家庭教師の仕事を紹介してあげる、というのです。

ここでも穂高先生は、まったくの善意で言っているわけですが、根本的なところに決めつけと誤解があります。寅子の意向を聞きもしないし、自分のせいで彼女が不幸になったと勝手に決めつけている。あれだけ〝ご婦人の権利向上〟の理想を語っていたはずなのに、でもご婦人は自分たちとは違って、子どもを抱えながら法律の道を進みたいなどということはないだろうという、侮《あなど》った目線があるんですよね。

まったく善良な穂高先生に、そういう限界があることが残酷なまでのレベルで露呈する場面です。

「この道に君を引きずり込み、不幸にしてしまったのは私だ」、だから責任をとらせてくれと言う穂高先生に、寅子はびっくりして「不幸……私が、ですか？」と訊き返す。先生とやりとりしながら、たぶん寅子の中でも自分の気持ちや考えていることの解像度が上がってきたのでしょうね。だんだん言葉に確信が込められてきます。

「そうです、私は好きでここに戻ってきたんです」

ただ、若い寅子からこうして真っ向から反論されても、穂高先生は腹を立てたりはしないんですね。ちょっと呆気《あっけ》にとられたような表情で、寅子が去った後「桂場くん、私はまた何か間違ったかね」なんて尋ねます。鈍感さもあるけれど、自分が何か間違えた可能性もとっさに考えることはできる人なのですね。

すべての人が平等な権利を持つ社会という理想を持ち、そのための行動もとっている立派な人でありながら、身近な人間に対してはしばしば鈍感で、女性への侮りが根底にある言葉をナチュラルに口にしてしまう。そういう穂高先生の人間描写はとてもリアルです。

思い返せば、小さなエピソードではありますが、穂高先生の言動に私も「あれっ？」と思ったところがありました。ひとつは、寅子たちが女子部にいた頃の法廷劇の場面です。女子学生たちが演じる法廷劇の最中に男子学生たちがヤジを飛ばし、騒然となって最後は乱闘にまで至るわけですが、ここで穂高先生も客席にいたのです。でも先生は、男子学生たちを叱るでも止めるでもなく、わざとらしく咳払いをするだけなんですね。どう考えても、男子学生たちが悪意をもって妨害しているのだから、教育者として介入すべき立場なのに、はっきりその姿勢を示さなかった。一歩引いた鷹揚《おうよう》な態度のつもりかもしれませんが、ちょっとどうなんだろう、女子学生をかばって飛び出し男子学生を一喝すべきなのに、と思ったことを思い出しました。

それから、寅子が優三との結婚を報告する場面でも、穂高先生は優三の顔を見ても名前が出てこないんですね。彼のように地味で目立たない学生のことを忘れてしまう、ナチュラルに鈍感なところがある。もしかしたら、こうした描写も後に続く伏線だったのかもしれません。

少数意見になることを恐れない

さて、民法改正の議論を経て、穂高先生と寅子の関係ではクライマックスとなる花束贈呈のエピソードになりますが、その前にも重要なエピソードがあったので触れておきましょう。

穂高先生が最高裁判事に任命されたのは、初代の最高裁長官だった星朋彦（のちに寅子の夫となる航一の父）の指名によるものでした。その誘いを受けるシーン（第67回）で、最初は「私なんぞに……」と遠慮する穂高先生に、星長官が「分かりますよ。もう自分は人生を頑張りつくした。時代も変わった、役目を終えた。いわば出涸《でが》らしだ。……でもね先生。出涸らしだからこそできる役目や、若い奴らに残せることがあるんじゃないかい？」と語りかけます。この口説き文句が穂高先生の胸に響いたのでしょう。「出涸らし」は後のちまで続くキーワードになります。

その後、１９５０年（昭和25年）10月に、最高裁がある判決を下します。それが後半でも焦点となる、刑法２００条の尊属殺の重罰規定です。第１部で触れたとおり、この規定の違憲性を争う裁判は何度かあり、1973年には最高裁が違憲判決を下しますが、この時点ではまだ合憲という判断でした。

ただ、結論では合憲が多数意見になるのですが、少数意見として憲法違反だという意見を述べた判事もいたのです。少数意見は実際の判決文の中にも記載されるので、多数意見とともに後世に残り、のちに生かされることもあるのですね。昭和25年の判決では、15人の判事のうち2名が憲法違反だという少数意見を述べ、穂高先生のモデルである穂積重遠もそのひとりでした。

この判決を新聞で読んだ寅子が家に帰って、家族に判決の意味を説明するときの言葉です。これは『虎に翼』のエッセンスが凝縮された台詞ですね（第68回）。

「判例は残る。たった一人でも判決が覆らなくても『おかしい』と声をあげた人の声は決して消えない。その声が、いつか誰かの力になる日が、きっとくる……私の声だって、みんなの声だって決して消えないんだわ」

やっぱり寅ちゃんは、穂高先生のそういう筋の通った姿勢にはリスペクトを持っていて、彼女自身もエンパワーされているんですよね。モヤモヤしつつも、尊敬すべき行為は尊敬する、そんな距離感です。

寅子が花束贈呈を拒否した理由

そして、穂高先生が最高裁判事を退任することになり、記念祝賀会の場面（第69回）に続きます。寅子はここで、先生に花束を贈呈する役を指名されたのに、それを拒んでスピーチ中に出ていってしまう。この場面は放映後、ネット上でも大きな反響を呼びましたが、中には「正直、なぜ寅ちゃんがあそこまで怒るのかよくわからなかった」という感想も見られました。

時間の関係で省略されたのであろう台詞も含めて脚本で読んでみると、たしかに寅子が怒るのは当然だと思わされました。

「法律を一生の仕事と決めた時から、旧民法に異を唱え、ご婦人や弱き人達の為に声を上げてきたつもりだった。でも実際は、私の力と考えが及ばず、ご婦人の人生を狂わせ、傷つけた」と、退任記念のスピーチとは思えない懺悔《ざんげ》のような言葉が並びます。そして、寅子を名指しして「あの時は本当にすまなかったね」と謝り（ここは放映されませんでした）、「結局、私も大岩に落ちた雨垂れの一滴《ひとしずく》に過ぎなかった……だが、なにくそと、もうひと踏ん張りするには私は老いすぎた。諸君、あとのことはよろしく頼む」。ここまで聞いた寅子は、花束を多岐川に押し付けて会場を出ていってしまいます。

脚本で全文を読んで、私は寅子の怒りが腑に落ちた気がしました。その後の廊下でのやりとりで、寅子が「罪悪感を払拭《ふっしょく》したくて、さっきみんなの前でわざとらしく謝ったんだわ！」と痛烈に指摘したとおり（この台詞も放映にはありません）、自分のための謝罪なんですよね。人が大勢いる前で、わざわざ名指しで「謝れる自分」アピールに使われたと感じても無理はないと思います。

穂高先生がめずらしく激昂《げっこう》して「じゃあ私はどうすればよかったんだ!?」と問うと、寅子は「そうやってすぐ楽になろうとする」。鋭いですよね。すると「最後なんだ、楽になってもいいだろ！」と、自分のずるさや卑小《ひしょう》さを指摘された先生は、思わず開き直って認めてしまう。自分の罪悪感を少しでも軽減してすっきりしたい、その手段としての謝罪だという欺瞞《ぎまん》を寅子は嗅ぎ取って、利用されることを拒絶したわけです。

挙げ句に先生は、普段の紳士的な振る舞いをかなぐり捨てて、駄々っ子みたいに叫んで「謝っても駄目、反省しても駄目、じゃあ私はどうすればいい!?」

「どうもできませんよ！（…）私も先生には感謝しますが許さない。納得できない花束は渡さない！『世の中そういうもの』に流されない。それでいいじゃないですか？　以上です！」

そう言い捨てた寅子は、ひとりで家庭局のオンボロ小屋に戻って何か叫ぶのですが、ト書きには（全部言ったった！と、興奮して叫ぶ）とあります。

そうして、その翌日のシーンが本当のハイライトです。せっかくの退任祝賀会で騒ぎを起こされて、そのままケンカ別れで二度と会わなくても不思議はない二人ですが、穂高先生は翌日に家庭局を訪れて直接寅子に謝罪します（第70回）。ここでのやりとりも非常に大事だと思いました。多岐川たち同僚は気を遣って出ていって、二人きりになったところで穂高先生は改めて寅子に謝ります。周囲に対するアピールとしてではなく、本心からの謝罪ですね。

「君の言う通り、私はあの場で許されたかったんだ。楽になりたかった。でも恥をかかされて、すぐにそれを認められなかった」「私は結局、古い人間だ。理想を口にしながら現実では既存の考えから抜け出せなかった……でも君は違う。君は既存の考えから飛び出て人々を救うことができる人間だ。心から誇りに思う」

これは、なかなか言えない言葉ですよね。自分のとった情けない行動や卑小さ、ずるさは誰しも見つめたくないものです。性別を問わずですが、やはり男性はよけいに自分の弱い側面を認めたがらず、目を背けがちではないでしょうか。そういう「男らしさ」の負の制約を乗り越えての謝罪だったのだと思います。

このドラマは全体を通じて、「謝れない男性」を念頭に、こういう謝り方もあるよね、こういうシチュエーションでは、こういう風にだったら謝れるんじゃない？という謝り方のロールモデルをさまざまに提示しているところがあると思います。

たとえば、直明が道男に謝るシーンもありました。補導された道男を寅子が自宅で預かることになったとき（第58回）、みずからも大学でＢＢＳ運動という少年支援の活動をしている直明は、彼が知る戦災孤児たちが道男を悪く言わないと言って「助けになりたいんだ」と言う。すると道男は「良い奴なら助けてやるって？　じゃあ悪い奴は助けないってこと？」「そうやって自分が良いことしたって思って気持ちが良くなりたいだけなんじゃないの？」と挑戦的に言い返します。

でも、言われた直明は素直に謝るんですね。年下の孤児、しかもスリをはたらくような問題児で、自分が助けてあげる側という強い立場にあるにもかかわらず、です。そういう人として望ましい生き方や振る舞いのロールモデルが、このドラマにはたくさん描きこまれていたなと思います。

穂高先生と寅子のエピソードに戻ると、最後の見どころは二人の交わす最後の会話ですね。穂高先生は「自分は古い人間だ」と自分の限界も認めている。寅子も、昨日のことは撤回しないけれど、先生の教え子であることは誇りに思っていると伝えます。そして「私、てっきり怒られるのかとばかり」と言うと、先生は「そんなことはせんよ。これ以上嫌われたくない」。お互いにいろんなものを取り払った、本音のやりとりですね。大学教授で最高裁判事という高い地位にいた人でも、かつての教え子に対して、こんな風に自分の弱さをさらけ出して会話できるということです。

続く穂高先生の台詞が「わかっとるよ、それなりに好いてくれているのは」。「それなりに」というのも絶妙な塩梅《あんばい》ですね。人間は単純ではないので、尊敬できるところも許せないこともある。このときの小林薫さんの演技も素晴らしかったです。そして、さらにすごいと思うのが「気を抜くな。君もやがて古くなる。自分を疑い続け、常に時代の先を進み、立派な出涸らしになってくれたまえ」。この後のストーリーで、寅子は仕事に没頭するあまり、花江や優未たち家族との間に溝が生まれてしまうことを予言するかのようでした。

こうしていろんな衝突を重ねながらも、寅子は自分の気持ちを偽らず、納得いかないことには抗議するし、穂高先生もそれを全部受け止めきれはしないけれど、最後にはちゃんと認めて謝る。社会的な地位や年齢で相対的に上の立場にいる人が、自分の過ちを認めて、こういう理由で自分は間違えたと謝罪するという姿は、いまの時代でもなかなか見られません。でも、人間はこんな風にもできるでしょ？　というモデルを、穂高先生の人物造形が提示しているのだと思います。

政治の世界でも芸能界でも、みずからの過ちを認められないがために、形式的な謝罪だけして本質的には変われていないという例がたくさんあります。性差だけの問題ではないと思いますが、やはり、これまで触れてきたような「有害な男らしさ」の呪いから逃れられないことが大きく作用している気がします。

人間は誰しも完璧ではないので、至らないところは常にあるし、やらかしてしまうこともあるのですが、それを認めることができれば自分をアップデートして学習するきっかけにもできる。だから、こういう謝り方や認め方なら、皆さんもできるんじゃないですか、とドラマが提示してくれているのではないでしょうか。

あとがき

『虎に翼』は、女性差別を大きな柱として取り上げると同時に、その「女性」には外国籍の人やシスジェンダーでない人がいたり、戦災被害にも大きな差があり経済格差もあるといった、ひとつの属性のみで単純にくくりきれない重層的な差別を描くドラマだった。何かの差別について語るとき、細部まで注意を払って丁寧に語らなくては別の差別を透明化し、取りこぼしてしまうことがある。このような差別を語る姿勢のありよう自体に学ばされる思いだった。

さまざまなテーマが盛り込まれたこのドラマから、本書第2部でとりわけ男性の登場人物の造形について取り上げたのは、性差別構造について男性がどのように「自分ごと」として対峙し、自分のありようを模索するかについてのロールモデルが日本社会には少なすぎると以前から考えていたからだ。フィクションでいいから、そういうモデルをなるべく多く見たいと願ってきた。そして、『虎に翼』に出てくる男性たちの描かれ方は、そのさまざまなロールモデル（と言っても完璧ではなく、完璧ではない試行錯誤の〝モデル〟）と捉えることができると考えた。

「女性」という属性を割り当てられるだけで、さまざまな抑圧がある日本社会で「男性」であるということは、そのような「女性ならではの抑圧」から免れることを意味する。でも「男性」にも、もちろんいろいろな属性があり、それに伴う困難もあって、「あなたには女性差別の被害者にはならないという意味での〝マジョリティの特権〟があるのだ」と言われても、「だからって自分の人生は全然楽でもないんだけどなあ」と素直に受け入れられないこともあるだろう。あるいは、女性差別について真剣に考えて行動もしてきたつもりなのに「あなたは女性差別のことを本当にはわかっていない」と手厳しく批判されて、心外だと憤ることもあるだろう。それでも、男性としての当事者意識をもって性差別構造に向き合い続けるにはどうすればいいのかを、日常の中で考えるヒントが、本書で取り上げた男性たちのありように詰まっていると思う。

ドラマの物語に最高にフィットする主題歌を作った米津玄師さんはインタビュー

で次のように語っている。[75]

「女性の地位向上については、自分が男性であるがゆえにより慎重に見つめなければならないというか、自分の身ぶり手ぶりがそこになんらかの不利益をもたらすようなものでありたくはないと思うんですね」

「少なくとも自分にとって客観的になるのはおよそ不可能で。あくまで私事として、主観的に曲を作らざるを得ないと思ったんですよね。違う属性のものと自分を同一視するのも、それはそれで暴力的だとは思うんですけど、どちらかを選ぶと言われたら主観的なほうを選ぶしかない。そこは腹をくくってやるしかないなと思ってこういう曲になりました」

これもまた、女性差別の問題に、女性ではない者として、しかし当事者意識をもって向き合う姿勢のひとつのありようだと思う。本書のタイトルは、米津さんの主題歌へのオマージュとして、歌詞から好きなフレーズをとらせていただいた。「100年先も」という言葉には、憲法の普遍的価値と、自分がいなくなった後の世界も良

★75——「〝キレ〟のエネルギー宿した『虎に翼』主題歌 100年先への希望と祈りを歌に込めて」音楽ナタリー https://natalie.mu/music/pp/yonezukenshi26

いものであるようにという未来への願いがこもっていると思う。
最後に、ドラマにかかわったすべての人へのリスペクトと、どこの誰かも知らないどうしで、毎日のようにＳＮＳ上でドラマの感想を共有しあう楽しい時間をすごした視聴者の皆さんへの親愛を込めて、「さよーならまたいつか！」

太田啓子

著者

太田啓子　おおた けいこ

弁護士。2002年弁護士登録。
離婚問題やセクハラその他の民事事件を主に手掛ける。
二人の息子を育てる母親として，
性教育やジェンダーにまつわる子育ての悩みを書いた
『これからの男の子たちへ』（大月書店，2020年）が
大きな反響を呼び、韓国・中国・台湾・タイで
翻訳される。
ジェンダー平等に関する自治体や企業での講演，
中学校や高校・大学でのゲスト授業なども多数。
他の著書に『いばらの道の男の子たちへ』
（田中俊之との共著，光文社）ほか。

Voicyチャンネル
「弁護士太田啓子のラジオ」
https://voicy.jp/channel/2878

100年先の憲法へ

『虎に翼』が教えてくれたこと

2025年4月20日　初版発行
2025年6月20日　2刷発行

著者　太田啓子
編集　岩下 結（よりまし堂編集室）
装幀　後藤葉子（森デザイン室）
イラスト　喜田なつみ
組版　トム・プライズ
発行所　株式会社 太郎次郎社エディタス
東京都文京区本郷3-4-3-8F
電話 03-3815-0605　FAX 03-3815-0698
http://www.tarojiro.co.jp/
電子メール　tarojiro@tarojiro.co.jp
発行者　須田正晴
印刷・製本　シナノ書籍印刷

定価は表紙に表示してあります
ISBN978-4-8118-0872-7 C0032

本のご案内

〈公正《フェアネス》〉を乗りこなす

正義の反対は別の正義か

朱喜哲 著

アメリカ大統領選挙から、日本の「道徳」の授業まで、現代において「正義」や「公正」といった「正しいことば」はどのように使われているかを検討しながら、その使いこなし方をプラグマティズム言語哲学をとおして平易に解説。

四六判並製・272 ページ／本体 2200 円＋税

貧困・孤立からコモンズへ

子どもの未来を考える

青砥恭＋さいたまユースサポートネット 編

不登校、貧困、ヤングケアラー……。困窮と不利の連鎖を断ち、生きる場とつながりをどう保障するか。各分野の研究者と支援のエキスパートたちが、子ども・若者の困難をめぐる課題を示し、いのちを支える取り組みを伝える。

四六判並製・320 ページ／本体 2400 円＋税

シリーズ「なるほどパワー」の法律講座　全3巻

うさぎのヤスヒコ、憲法と出会う

西原博史 著／山中正大 絵

困ったことが起きたとき、人と意見がぶつかったとき、「なるほどパワー」が役に立つ。「思想・良心の自由と信教の自由」「表現の自由」「教育を受ける権利」を中心に、日常の出来事と憲法をしっかりつなぎます。物語で憲法と出会う！

おさるのトーマス、刑法を知る　仲道祐樹 著

リサとなかまたち、民法に挑む　大村敦志 著

A5判上製・2色刷・128～144ページ／各本体2000円＋税